投服中心系列丛书
China Securities Investor Services Center

投服研究

第2辑 · 2018年

郭文英　徐　明◎主编

ISC Research

法律出版社
LAW PRESS · CHINA

投服研究

ISC Research

总　序

2018 年金秋，中证中小投资者服务中心（以下简称投服中心）主编的“投服中心系列丛书”终于与大家见面了。投服中心是中国证监会直属的证券金融类公益机构，成立 3 年来，不忘初心，始终坚守保护中小投资者合法权益的使命，积极探索投资者保护新路径，努力引导投资者理性投资、全面知权、积极行权、依法维权。“投服中心系列丛书”的出版是对“知权、行权、维权”工作的一个总结，希望借此契机能凝聚一批法学学者、市场实务人士等专家对资本市场的热点难点问题进行长期的探讨研究。

自 2014 年成立以来，投服中心在中国证监会党委的领导和部署下，在证监会投资者保护局的指导和相关部门、各派出机构的支持下，在证监会系统兄弟单位和社会各界的大力支持下，从中小投资者权益保护和救济诉讼的实际需求出发，创新了一套适合我国资本市场中小投资者保护的机制和实现路径——以投资者教育工作为基础，通过事前持股行权、事中纠纷调解、事后支持诉讼来切实维护广大中小投资者的合法权益。投资者是资本市场发展的重要基石，培育良好的投资者群体，保护好广大中小投资者合法权益，是促进资本市场健康发展的重要一环，直接关系维护社会的公平正义，直接关乎亿万人民群众的切身利益。但中国资本市场的中小投资者既是数量上的多数，又是专业知识、投资理念、维权能力等方面的“弱势少数”，因此，中小投资者合法权益时常受到漠视甚至侵害。长期以来，中小投资者权益保护问题既是资本市场的一个宏观问题，又是要落实到每位投资者身上的微观问题。如何从立法层面更细致地规定中小投资者保护的内容，形成法律、行政法规、部门规章及操作性指引；如何从司法层面推动示范判决制度、探索强制调解机制等制度的建设；如何从监管层面创新机制，加大对侵害中小投资者合法权益的违法违规行为的打击和惩罚力度,更多地保护中小投资者的合法权益;如何帮助中小投资者树立权利意识,建立长期投资、价值投资理念,强化风险意识,提高维权能力。这些问题的解决都不是一蹴而就的,我们需要扎根于中国资本市场的土壤,需要政策、法律的研究,需要投保机制的创新,需要与广大中小投资者面对面的交流。为此,投服中心出版系列丛书,以投服中心工作为蓝本,研究了一些热点问题,探索了一条"投服模式"的投资者保护道路,积累了一些经验分享给读者。

"投服中心系列丛书"由《投资者权益知识读本》《重大资产重组行权案例评析》《纠纷调解案例评析》《支持诉讼维权案例评析》《投服研究》等书组成。其中《投资者权益知识读本》登载的"权益 360"系列文章,根据我国资本市场和广大投资者的实际情况,接地气、聚人气,本着知识性、实用性、趣味性的宗旨,为投资者普及权益知识。《重大资产重组行权案例评析》《纠纷调解案例评析》《支持诉讼维权案例评析》汇集了投服中心持股行权、纠纷调解及支持诉讼工作中具有代表性的实际案例,旨在进一步发挥投服中心示范引领作用,唤醒广大中小投资者的股东意识,督促上市公司提高依法运营水平;以及进一步探讨在全国范围内的建立调解合作、小额速调、诉调对接、证券支持诉讼示范判决等机制。《投服研究》选取了投服中心课题中较突出的研究报告,包含投资者交易行为研究、上市公司章程反收购条款效力研究、证券市场投资者保护条例等一系列资本市场热点、难点问题的研究。"投服中心系列丛书"综合了普及性、专业性及学术性的特点,面向广大投资者、上市公司及专家学者等群体,期望与其一道共同推动中小投资者权益保护工作。

我们希望,"投服中心系列丛书"是一涓细流,能不断汇集中国资本市场土壤上的经验与创新机制,不断丰富学术理论,不断普及权益知识。我们相信,中国中小投资者保护事业能在资本市场各方的努力下,共同谱写新的篇章。

2018 年 8 月

目　录

第一篇

持股行权理论与中国实践研究*

ISC Research

* 本课题联合承接方为中国社科院法学所和华英证券有限责任公司。课题负责人：陈洁；课题组成员：陈甦、李建立、夏小雄、钟维、张彬、杨文尧天、张鹏飞。

前　言

持股行权是我国资本市场的新生事物。它特指中证中小投资者服务中心(以下简称投服中心)通过购买并持续持有上市公司、挂牌公司股份的方式(数量上通常为一手)来获得证券投资者身份,然后再以此身份在证券市场运行的各个环节行使投资者权益,从而实现积极保护投资者权益的市场态势,确保证券法宗旨的有效实现。与其他投资者保护机制相较,持股行权的特殊性主要体现在持股行权主体的唯一性、持股行权方式的特定性、持股行权目的的公益性上。就持股行权主体而言,投服中心作为中国证券监督管理委员会(以下简称证监会)批准设立并直接管理的证券金融类公益机构,其主要职责就是为中小投资者自主维权提供教育、法律、信息、技术等服务。就持股行权方式而言,投服中心作为中小投资者利益组织化的有效载体,其以公益股东的身份介入证券市场和上市公司,并通过监督公司活动、实施股东权利、发动股东派生诉讼等多种方式保护中小股东利益。投服中心两年来的持股行权实践表明,作为以私法手段实现公法目的设计的一种创新机制,持股行权是我国证券市场运行机制的重大制度创新,是完善证券市场监管体系的有效措施,在实现我国中小投资者权益保护方面发挥了积极的示范作用、维权作用、警示作用和提升作用。但是,投服中心自身法律地位不够清晰、持股行权工作制度保障不够充分、投服中心能力建设急需进一步加强、行权后续配套机制不健全等问题也相当突出。尤其是投服中心作为公益股东的特殊股东权利配置以及相应的法律制度建构问题亟待破解。对此,本课题从持股行权的运作机制、现实样态以及域外经验探究持股行权理论的内在机理出发,提出有助于提升满足我国持股行权实践需求的制度建构水平思路。本课题建议未来证券法的修订应明确投服中心的定位功能,同时,也要优化投服中心持股行权的系统功能,强化投服中心持股行权的能力建设,加大对投服中心持股行权的保障力度。

引　言

改革开放以来，尤其是社会主义市场经济体制建立以来，我国证券市场获得了前所未有的发展，并取得了举世瞩目的成就。我国证券法确立了保护投资者合法权益的立法宗旨和基本原则，并得到了切实有力的实施。但是，就总体效果而言，与证券市场现实水平与发展前景相比，与证券法为投资者权益保障所提供的制度空间与实现可能相比，当前的证券投资者尤其是公众投资者权益的保护机制与保护水平还远远不能适应，投资者的市场信心并未因证券法律的实施与市场监管力量的付出而获得相应的提高与巩固。固然有多种原因致使形成这种局面，但证券市场投资者培育机制不完备也是最为重要的原因之一。

尽管目前我国证券市场上有超过3000家的上市公司，投资者人数突破1亿，但其中可称为“成熟投资者”的比例却又极低。因投资者知识、经验、精力、资金、信息和偏好等诸方面的限制，在证券市场所蕴含、证券法所确认的投资者权益中，那些需要由投资者积极行使的权利很难有效实现。

从我国投资者群体的总态势来看，投资者在行权意愿和维权能力上存在以下不足：(1)投资者缺乏参与性。在证券法、公司法等确认和保障投资者权利的法律中，许多权利需要投资者的自身参与才能实现，如参加上市公司股东大会、选举或罢免公司高管人员等。但实际上，中小股东通过参与上市公司股东会而行使权利的比例极低。(2)投资者缺乏专业性。证券法、公司法虽然规定了投资者的质询权、查询权，但是对上市公司经营方案的质询、对公司财务资料的查询等，又需要以一定的专业知识为基础。对于上市公司信息披露的分析判断，也需要相当的知识与经验。中小投资者通常缺乏相应的专业知识，而委托他人代为行使这些权利又需要为此支付成本。因此，中小投资者行使这些权利时，通常缺乏相应的专业保障,导致行权效果较低。(3)投资者缺乏主动性。法律规定的证券民事责任制度已经相当完备,但是通过民事责任制度来保护投资者权益,必须以投资者主动行使请求权为前提。有数据表明,我国证券民事赔偿诉讼提起率远低于预期。具体从1996年“刘中民诉渤海集团案”开始,大约有1万名投资者做了证券民事赔偿案的原告,其中仅有约1000名原告通过和解或判决获得了全部或部分赔偿。主动提起诉讼的投资者没有超过权利受到损失并符合起诉条件的投资者总人数的10%,起诉总标的没有超过投资者可计算损失总额的5%。究其原因,一是证券民事赔偿诉讼具有“小额多数”的特点,对绝大多数的个体受害投资者而言,其诉讼成本可能远大于收益。基于“搭车心理”和“集体行动”的困境,个体投资者即便权益受到侵害也往往不愿诉诸法律来维护自己的权益。二是投资者在权利救济过程中需要“过关斩将”,包括立案关、审理关、判决关和执行关等,而司法实践中经常出现证券民事赔偿案件起诉不收案、收案不立案、立案不审理、审理不判决、判决难执行、对共同诉讼设置种种障碍等情况,严重影响了投资者提起诉讼的积极性。

在以投资者群体为市场主体参照的意义上,投资者权利保护系统可以分为他为机制和自为机制两种。前者如证券监管机构、市场非营利组织保护投资者权益的措施与实施,后者如投资者自己或委托他人行使或维护权利的措施及行为。两者相较,当前投资者权利保护的自为机制显然处于残缺软弱的态势。可以说,这一局面是造成我国投资者维权情势严峻的结构性原因和机制性障碍。探索建立中小投资者自律组织和公益性维权组织就是弥补这种缺陷的有效措施:一是在结构上,可以弥补成熟投资者的数量不足,从而强化投资者权益保护自为机制的组织基础;二是在功能上,可以投资者身份行使民事权利,从而启动证券民事权利的实现机制,优化配置证券市场上的民事权利资源。

2013年12月27日,国务院办公厅发布的《关于进一步加强资本市场中小投资者合法权益保护工作的意见》指出,“要探索建立中小投资者自律组织和公益性维权组织,向中小投资者提供救济援助,完善投资者保护组织体系”。2014年12月投服中心作为证监会批准设立并直接管理的证券金融类公益机构应势而生,其主要职责就是为中小投资者自主维权提供教育、法律、信息、技术等服务。目前,随着持股行权、纠纷调解、诉讼及支持诉讼等各项工作的陆续展开,投服中心为保护中小投资者权益而组织开展的维权活动在资本市场获得了良好的反响和积极的评价。

其中制度创新最为明显、实施效果最为显著的措施,就是投服中心的"持股行权"。然而,与实践中持股行权工作的"红红火火"相反,有关持股行权制度的理论研究与立法回应的滞后也是有目共睹的。为将持股行权工作进一步推向全面深入,切实增强我国投资者权益保护的有效性,根据投服中心的设立目的、规划措施和工作实际,本课题立足我国证券市场的发展现状以及持股行权运行机制的实现路径,对持股行权工作的性质、内容、方式、效果、社会效应等方面进行了全方位的理论探讨与实践总结,以期为投服中心持股行权的合法性、正当性和适度性提供判断依据,也为进一步完善持股行权机制、推进我国资本市场投资者权益保护提供建议参考。

第一章　持股行权的基本理论

一、持股行权的内涵及其建构意义

（一）持股行权的内涵界定

持股行权是我国资本市场的新生事物。它特指投服中心作为证监会批准设立并直接管理的证券金融类公益机构，按照证监会的要求，“公益性持有证券等品种，以股东身份行权维权”（持股行权）。具体而言，就是投服中心通过购买并持续持有上市公司、挂牌公司股份的方式（数量上通常为一手）来获得证券投资者身份，然后再以此身份在证券市场运行的各个环节行使投资者权益，从而实现积极保护投资者权益的市场态势，确保证券法宗旨的有效实现。与证券市场其他投资者保护机制相较，持股行权的特殊性主要体现在以下四个方面。

1. 持股行权主体的唯一性

证监会在 2013 年专门批准成立了投服中心，规定由其“持有上市公司股票，建立投资者权利代理机制，以股东身份参与上市公司治理”，并“通过调解、和解、仲裁、补偿、诉讼等方式对上市公司违法违规等损害投资者利益行为进行约束，行使股东权利”。[①] 因此，在我国，持股行权特指由投服中心为保护投资者权益而公益性持有股票并行使股东权利，它并不包含证券市场上持有股票的普通投资者或机构投资者在自己的权利受到侵害时为维护自己的权益而行使股东权利的情形。即便是作为中国证监会内设机构的投资者保护局，其为维护投资者权益所开展的投资者保护工作的组织指导、监督检查之类，虽可能与持股行权机制有相似之处，但也

---

① 中国证券监督管理委员会：《证监会投资者保护局对投资者关注问题的答复》，载中国证券监督管理委员会官网：http://www.csrc.gov.cn/wcm/websearch/zjh_simp_list.jsp，最后访问日期：2018 年 1 月 26 日。

不是持股行权主体,其所开展的相关活动也不能称为持股行权。简言之,投服中心是证监会批准设立并直接管理的专门负责组织和实施持股行权的证券金融类公益机构,未经证监会批准,任何单位和个人不得从事持股行权业务。所以,在我国,持股行权主体具有特定性和唯一性。

2. 持股行权方式的特殊性

持股行权实际上由“持股”和“行权”两个方面内容构成。在“持股”方面,投服中心是通过购买并持续持有我国证券市场全部上市公司、挂牌公司每家股份100股的方式来获得个上市公司股东身份;“行权”则是指投服中心在持有上市公司的股票后,以股东身份或接受其他股东的委托,行使查阅权、建议权、质询权、表决权、短线交易归入请求权、诉讼权、独立董事提名权、提案权、召集及主持股东大会权等股东权利。此外,“行权”还包括投服中心对涉及中小投资者权益的典型性和代表性的事件,以代理或者其他方式支持中小投资者行使股东权利,即提供行权支持。归结起来,持股行权方式就是投服中心以股东身份行使或帮助支持中小投资者行使我国公司法、证券法赋予股东的各项权利,从而帮助中小投资者切实维护自身的合法权益,促进上市公司的规范运作。

3. 持股行权目的的公益性

投服中心是证监会批准设立并直接管理的证券金融类公益机构,它是以为证券市场中小投资者提供保护为要旨,为了社会公益的目的为资本市场提供公共产品。投服中心与其他企业组织的根本区别就在于其不以为单位或单独个人牟利为目的,不进行利润分配,不以参与者的利益最大化为目标。同时,投服中心为投资者提供的维权服务不收取任何费用,并为参与证券支持诉讼的投资者承担公益律师代理费用,原告投资者仅需自行承担人民法院依据相关规定向原告收取的诉讼费用。此外,投服中心与证监会行政监管的区别在于证监会各机构是行使国家行政职权,负责对资本市场各项行政事务进行组织、管理、监督。而投服中心尽管由中国证监会批准设立并直接管理,但其属于公益组织,不属于行政机构范畴,不是行使行政监管权。可以说,公益性是投服中心持股行权区别于其他维权机制的核心特征。投服中心行使的一切权利,包括股东权利都不以营利为目的,行权工作是紧紧围绕中小投资者权益保护而展开。

4. 持股行权是由政府发起，但又主要依靠市场力量运作的创新性维权举措

对于投资者权益保护，我国证券市场长期是采取两大途径来实施的：一是中国证监会及其派出机构等从行政监管的角度采取措施，二是证券交易所、上市公司协会等自律监管机构从自律管理的角度去保护投资者。持股行权虽由证监会发起，依靠公权力的力量推行，但是它又不是一种普通的行政化手段，在其具体运行中，主要运行原理还是通过利用并壮大市场力量来保护中小投资者。因此，“持股行权”的本质逻辑是由政府成立的专门机构，通过公益性持有股票并行使股东权利，充分发挥市场自律作用，向市场释放信号，形成威慑，进而示范动员其他广大投资者共同参与到维权过程中，提高投资者维权意识和能力，将市场力量集中化、组织化。这种机制是为了弥补投资者保护体系中自为机制的不足，是我国中小投资者保护的重大制度创新，它与行政监管、自律管理共同构成我国保护中小投资者合法权益的“三驾马车”，是我国资本市场监管部门为更深入、更全面保护投资者，尤其是相对弱势的中小投资者的合法权益而设计的一种具有中国特色的中小投资者保护的创新机制。

（二）持股行权机制的建构意义①

1. 进一步实现资本市场上政府与市场关系的合理可行

长期以来，监管机构在我国证券市场中处于核心地位。在投资者保护方面，证券市场建构者长期秉持“倚重政府而非市场导向”的思路，致使投资者成熟度低、依赖性强、主动性弱，以致体现以市场机制配置资源的民事法律制度不能有效实施。由于“依赖政府—上访诉求”形成于同一投资者心理和证券市场结构，迫使证券监管机构过度干预证券市场运行机制，在投资者权益保护方面甚至导致维权变维稳的尴尬局面。投服中心作为公益性的市场维权组织，是以利益代表者和利益维护者的身份成为中小投资者利益组织化的有效载体，其持股行权工作有效融合了角色二重性。其在投资者权利运行机制上的本质特征在于，其可以通过自身的特殊投资者身份独立行使权利，也可接受个体投资者权利的让渡，并以其专业的知识组织的力量来实现保障投资者个体权利的宗旨。在投服中心的持股行权过程中，其持有上市公司股份的事实与行为体现了投服中心的

① 参见陈甦、陈洁：《持股行权：理念创新与制度集成》，载《证券日报》2016年12月31日，A03版。

市场角色的一面,要按照市场主体的行为规范行使权利,更多体现市场配置资源的微观基础和主体选择;其维护证券市场秩序、投资者权益以及非营利的目的,则体现了投资中心行使政府职能的一面,要更好地发挥政府监管证券市场的行政目标。

投服中心开展持股行权为证券执法体系的合理化建构,以及在其中为政府与市场确立有效的功能定位及运行机制,提供了新的制度创新思路和现实可能性。投服中心在政府与市场关系上采取了科学合理的有机联系方式,是在证券市场上和投资者权益保护体系中市场与政府关系最为集中而合理的制度体现。

2. 通过私法手段实现公法目的的重要尝试

由于政府职能的扩大以及监管不力的存在,使引入市场机制以帮助政府实现公共产品的有效供给成为必需,也是当前政府职能转变的重要路径。体现在公法与私法的关系上,就是传统的私法调整方式被部分地或间接地引入了公法领域,形成私法关系向公法领域延伸与公法关系向私法领域扩展的双向互动。

投服中心持股行权的目的不是营利,而是为了保护证券市场上不特定投资者的权益,促使上市公司等忠实、审慎、勤勉经营,维持证券市场信心和证券市场秩序,这是投服中心的公益性目的。投服中心的公益性特征使其具有提供公共服务的天然优势,它们提供的公共服务能够满足公共需求的多样性与异质性,是政府有力的公私合作伙伴。投服中心具有民事主体的资格,是以私法手段来进行公务活动的,他们在法律上都受私法规范的调整,与私法的一般主体具有平等的资格,这是公法私法化的另外一个表现。

相较政府机构,投服中心在运营上比较灵活,对公众的需求有更强的回应性等。投服中心作为股东持股行权,这种方式对公司运作有更充分的了解,能够及时发现、及时改善公司治理。如果由证券监管机构直接介入上市公司内部行使监管,既有法律上的障碍,亦使监管成本高昂。基于对"市场失灵"和监管不力的理性反思与因应对策,在我国证券市场监管转型的市场阶段与法治环境中,政府的监管方式从过去的"集权管理"转型为现代化的"多元治理""硬性管理",再转型为"弹性治理",是投服中心持股行权的理念基础。这种证券市场治理结构,内含着权力与权利之间的相互协调与沟通合作。

3. 充分利用证券法提供的投资者权益保护机制

在证券法领域，政府发挥规制功能是通过行政管理，如行业管理或功能管理；市场发挥规制功能则是通过市场自治，如市场主体的个体守法、团体自律、司法救济。在证券法律责任制度范畴，政府发挥规制功能是通过行政法律责任制度的设置与执行而实现的，市场发挥规制功能则是通过民事法律责任制度的设置与适用而实现的。

在证券法建构的投资者权益保护机制中，行政监管是有力且有效的，但仍有其限制。例如，行政责任只能是过错责任，而不能是连带责任；证监会不能以投资者身份提起民事诉讼。这样，公法性质的法律在维持市场秩序方面虽然有效，但对投资者保护而言则未必有效。投服中心能够以股东身份介入证券市场和上市公司，通过监督公司活动、实施股东权利、发动股东派生诉讼等多种方式促进公司信息披露，保护中小股东利益。因此，投服中心持股行权的制度连接点与角色平衡点都把握得很好，有利于多方利用制度资源，确保证券法提供的各种措施目标可以实现，从而可以充分发挥证券市场机制的系统效益，提高证券市场的自治能力，增强各种社会组织在规范证券市场秩序方面的角色功能。

4. 证券市场体系具有重大效益性的顶层设计

通过投服中心来发动对于证券违法行为的诉讼，同学界极力主张的由律师主导的集团诉讼相比具有突出的优势。首先，投服中心倾向于协助投资者提起有益市场健康发展的诉讼，其公益性足以有效避免集团诉讼普遍存在的滥诉问题。其次，投服中心可以更好地协调其与其他执法资源之间的关系，尤其有利于和政府监管、市场约束等执法机制的协同发展，既能弥补现有的执法机制之不足，也能避免执法资源的浪费。投服中心持股行权具有低成本、高效益的特征：一是在财政初期投入后，投服中心持股行权可通过公司治理结构与运行机制展开。二是持股行权的示范作用、警示作用等，可以较低成本获得较高的约束效益。三是通过持股行权提起或参与诉讼仲裁时，其胜诉赔偿可用来支撑持股行权成本。四是投服中心按照公司治理结构设置内部组织结构，配置内部监管。参与持股行权，可提高管理效益。

总之，投服中心的构建及其持股行权机制的建立，不仅是一种因应强烈而现实的市场运行和社会发展需求的重要措施，也是我国证券市场迈向法治化、成熟化进程的重要标志。在我国证券市场转轨时期,建立由证监会统筹监管,与准行政性的投资者保护基金公司并存的投资者保护组织体系,是我国完善中小投资者保护体系的必然方向和重要措施。

二、持股行权应遵循的基本原则

要科学构建一个系统高效的持股行权实施机制,对开展持股行权过程中应遵守的一些基本原则进行总结提炼无疑是非常必要的。持股行权工作应遵循的基本原则是指持股行权工作所特有的,反映证券市场投资者保护的发展规律,广泛适用于持股行权各项活动及整个过程的基本行为准则。作为持股行权的基本原则应当体现三个标准:首先,它是反映持股行权基本价值与功能取向的最一般的规则,是持股行权基本价值的体现。其次,它是投服中心整个行权活动,包括持股、行权、支持行权等各个环节都必须遵循的基本行为准则,贯穿于持股行权立法、执法和司法活动过程的始终,对持股行权各项工作具有概括性调整作用。最后,它应当是持股行权这个系统机制所特有的,根据持股行权的本质特征并结合证券市场客观发展规律加以高度概括而成的基本准则,不应混同于证券市场的一般监管或自律规则。根据开展持股行权工作的初衷以及相关上位法规定,持股行权实施过程中应遵循以下基本原则:(1)股东定位原则;(2)公益性原则;(3)公开透明原则;(4)示范引领原则。

(一)股东定位原则。股东定位原则是整个持股行权机制的出发点。它是指投服中心持股行权应坚持股东定位,运用市场化手段,以股东身份按照法定程序行使各项股东权利,并且不以参与公司经营管理和营利为目的,不行使监管或自律职责,不代表证券监管机构的立场。不过,如何界定投服中心的股东身份及其权利配置是股东定位原则的核心难题。本研究认为,投服中心作为公益股东,本质上属于普通股股东,但它又是特殊的普通股股东。投服中心特殊的组织性质与功能定位,表明它不可能等同于上市公司普通的持有100股股票的小股东。投服中心的股东权配置应当与其保护股东权益的制度预设目标相契合。该问题将在本章第四部分加以详细探讨。

(二)公益性原则。公益性原则是整个持股行权机制的基本价值取向。首先，投服中心是在政府主导下组建形成的公益性组织，整个持股行权工作的具体开展就是由投服中心这个专门的公益机构负责的。其次，投服中心在整个持股行权过程中，不以营利为目的，不干预上市公司日常经营管理。投服中心持股行权的目的就是为保护中小投资者合法权益，促进上市公司完善治理，维护证券市场秩序。因此，公益性不仅是投服中心区别于其他市场营利组织的重要特征，也是投服中心区别于其他普通股股东的核心特征，更是投服中心持股行权本质的展示。

（三）信息公开原则。信息公开是整个证券市场有效运行的制度基石，也是持股行权机制健康运行的制度基础。从法理上来说，非营利组织可能存在滥权与志愿失灵的问题，这就要求政府和公众投资者拥有足够的监督能力，这进一步仰赖于非营利组织的充分信息披露，这是解决非营利组织自身弊病的重要工具，以此防止部分主体利用信息优势侵害其他主体的合法权益。[①] 从域外成熟市场的经验来看，各国（地区）对非营利性维权组织进行监督的一个重要手段就是所谓的“公开原则”（disclosure rule），非营利性维权组织应定期披露财务、运行情况，并及时公布其起诉与和解的细节等，以此减少监管机构的监督成本。对于那些公益性非营利组织来说，信息披露的要求甚至不亚于上市公司。[②] 具体到我国持股行权工作中，投服中心应遵循公开、透明的原则，主动接受证监会及投资者监督。除了主管机关的临时检查外，投服中心应根据中小投资者的特点，建立便于投资者了解保护组织运作情况的相关机制，诸如强化信息公布，构建工作动态通报机制。在不影响保密规定和行权效果的情况下，投服中心应向市场公开行权工作规则、实施细则等工作制度，披露持股情况、行权进度、行权结果等信息。

（四）示范引领原则。示范引领是整个持股行权工作的核心目标。由专门的投资者保护机构开展持股行权工作的最终目的并不是只单纯依靠这一公益机构通过持股来行使股东权利进而保护自己作为投资者的权益，更重要的是想通过由专门机构开展这一工作，组织利用市场力量，通过示范引导，唤醒投资者股权意识，

另外，还要动员广大中小投资者共同参与到维权活动中来。实践中，投服中心

---

① 参见李维安主编：《非营利组织管理学》，高等教育出版社 2013 年版，第 114 页。

② 参见汤欣：《证券集团诉讼的替代性机制———比较法角度的初步考察》，载张育军、徐明主编：《证券法苑》（第 4 卷），法律出版社 2011 年版，第 188 页。

持股行权就是坚持以问题为导向,以维护中小投资者合法权益为宗旨,以投资者权益维护中的难点、热点问题为重点,对法律法规及监管规定有明确要求,但上市公司未落实或落实不到位,从而涉嫌侵害中小股东知情权、参与权、收益权和救济权等权益的事项,主动行使或以委托代理或联合行权等方式组织其他投资者共同行权,示范行使法律赋予股东的各项权利,从而利用有限力量形成最大的社会示范效果。

三、持股行权主体的定位与功能①

证券法以保护投资者权益为宗旨,这是由证券市场的运行特点和投资者在证券市场中的地位所决定的。作为加强对中小投资者保护的一项重大举措,证监会 2014 年 8 月批复成立了中证中小投资者服务中心有限责任公司(投服中心),投服中心于 2014 年 12 月 5 日完成了相应的工商注册登记。按照证监会批复,其主要职责就是为中小投资者自主维权提供教育、法律、信息、技术等服务。其中,"公益性持有证券等品种,以股东身份行权维权"是证监会批复的投服中心的六项职责之一。鉴于此,在我国,实施开展"持股行权制度"的相关工作只能由投服中心具体负责。投服中心也就成为"持股行权"的法定唯一主体。尽管投服中心成立 3 年余,但总体而言,投服中心的公益性维权活动尚处于起步阶段,市场各方对公益性维权组织的属性职责、功能定位等还未形成统一认识。为进一步推进我国资本市场投资者保护组织体系建设,从法理及立法上对中小投资者维权组织的法律地位、职能范围等基本问题予以明确,这不仅是保障强化维权组织功效发挥的法制基础,也是促进维权组织同证券市场上其他组织机构相互协调配合,大力践行投资者保护宗旨的重要举措。

(一)投服中心的设立背景与制度基础

1. 中小投资者在资本市场的相对弱势是投服中心存在与发展的客观基础

从整体层面来看,证券市场赖以建立与运行的资金基础,主要由投资者的投资形成。由此,投资者在证券市场上处于决定地位,没有投资者便没有证券市场。但

① 参见陈洁:《〈证券法〉应明确投服中心的功能定位》,载《中国证券报》2016 年 12 月 13 日,A12 版。

是，投资者群体也是证券市场风险的主要承担者。从个体层面来看，证券投资者的大多数是公众投资者，因其知识、经验、精力、资金和信息等诸方面的原因，公众投资者在市场信息的判断能力和风险承受能力等方面处于相对弱者的地位。我国资本市场实践中，公众投资者与上市公司、中介机构、大投资者、公司高管的实力明显失衡，以致公众投资者已经成为上市公司治理水平落后和市场违法行为猖獗的主要受害者。与此同时，由于证券民事赔偿诉讼具有"小额多数"的特点，以及绝大多数的个体受害投资者受困于"搭车心理"和"集体行动"的困境，个体投资者即便权益受到侵害也往往不愿诉诸法律来维护自己的权益。这样，在"不告不理"的民事诉讼原则下，司法保护对于证券市场的违法行为也就无能为力。即便某些颇具"情怀"的个人或组织可能提起基于公益的诉讼，但囿于经费和其他种种限制，此类诉讼势必难以为继。鉴于中小投资者分散的多元利益和天然的弱势地位，寻求公益性维权组织作为中小投资者的利益代言人无疑是迅速提升中小投资者维权能力的现实路径。

2. 现有的制度设计未能充分实现投资者基于"股东身份"的特殊保护

虽然我国证券法确立了保护投资者合法权益的立法宗旨和基本原则，但是总体而言，立法者对如何实现投资者保护的机理思路尚未厘清，规范制度也失之片面。一方面，我国证券领域的法律制度整体上是围绕证券发行者及相关服务提供者为原点制定的，其本意是通过直接规范证券及服务提供者的市场行为来间接达到保护证券投资者的合法权利。然而，这样缺少以投资者保护为直接原点的制度设计，既未能从服务接受者的角度考虑问题和制定规则，其实施效果难免有所偏差。另一方面，在证券市场上，投资者具有双重身份：投资者既是上市公司的股东，享有股东权利；同时投资者又是证券交易者，直接面对证券市场的巨大风险。尽管股东身份是相对于被投资公司而言的，法理上基于股东利益的保护显然应由公司法来安排，但公司法所调整的公司与其股东之间的关系，在证券法上则作为证券发行主体与投资者之间的关系来调整。公司法所保护的股东的权益，主要是对特定股东的利益的保护，而证券法所保护的投资者权益则是对不特定投资者利益的保护。现实中，由于上市公司规模的巨大以及经营者实际控制力的提高，以致上市公司的中小股东事实上由公司的"主人"转变为公司的"外部人"，并在一定程度上与公司形成利益对立。这就需要证券法对包括现有股东和潜在股东的投资者给予超越公司法意义上的股东身份的特殊保护。然而,现行的证券法注意到了投资者作为交易者身份的特殊保护,例如,现行《证券法》第134条规定国家设立证券投资者保护基金,以应对被处置证券公司及公募基金管理人破产风险给投资者造成的损失,但对投资者股东身份的特殊保护机制却明显缺漏。突出表现为有关投资者损害救济制度不完善、专门投资者保护机构缺位、民事救济途径不足、缺乏必要的配套规定确保其可行性等。

3. 中小投资者的维权实践表明发展公益性维权组织的急迫性

保障因证券违法行为而遭受损害的投资者的民事赔偿权利是践行投资者保护宗旨的基础性制度。由于中小投资者处于信息、资金等弱势地位,单个投资者行权维权面临专业知识储备不足、耗时久、成本高等重重阻碍。如前所述,有学者对我国证券民事赔偿制度实行后10余年间的相关案件从数量和质量两个方面进行系统性的实证研究。研究表明,证券民事赔偿诉讼提起率远低于预期。可以说,我国投资者维权实践的严峻现实决定了现阶段发展维权组织的急迫性。我国资本市场急切需要专门的投资者保护机构帮助投资者依法及时有效地行权维权。

除上述外,通过维权组织来发动对于证券违法行为的诉讼,同学界极力主张的由律师主导的集团诉讼相比具有突出的优势。首先,维权组织倾向于协助投资者提起有益市场健康发展的诉讼,其公益性足以有效避免集团诉讼普遍存在的滥诉问题。其次,维权组织可以更好地协调其与其他执法资源之间的关系,尤其有利于和政府监管、市场约束等执法机制的协同发展,既能弥补现有的执法机制之不足,也能避免执法资源的浪费。

(二)投服中心的角色定位

投服中心作为公益性中小投资者维权组织,从现实情形分析,其既扮演了"各上市公司股东的身份",同时,为了扩大开展维权工作,又接受市场中其他投资者的委托,帮助中小投资者行使权利,其又扮演了"中小股东受托人"的身份。因此,投服中心是拥有"上市公司股东"和"中小股东受托人"双重身份的主体。

它是以利益代表者和利益维护者的身份成为中小投资者利益组织化的有效载体。投服中心的本质特征在于其可以通过自身的特殊投资者身份独立行使权利,也可接受个体投资者权利的让渡,并以其专业的知识组织的力量来实现保障投资者个体权利的宗旨。基于此本质特征,投服中心之角色定位必须包含四个要素,即组织性、独立性、非营利性、专业性。

1. 组织性。作为介于市场和政府之间的一种社团法人，维权组织必须具备法定的组织形式和制度规范，以保证其身份的稳定性和持续性。具体运行中，建立类似现代企业制度的董事会治理结构以及公开、透明的运营管理制度是维权组织加强自律、增强透明度、实现组织公益性的重要保证。值得强调的是，维权组织作为证券投资者保护组织体系中的一个子系统，在系统内部应发挥不同于其他组织的功能并具备利于其功能发挥的组织结构，这就要求维权组织的运行机制要注重与证券市场上其他组织机构的有机衔接，从而保证整体效能的发挥。

2. 独立性。作为独立的法人组织，维权组织应当具备财产上的独立性和行为上的独立性，即具备能够独立支配的财产，并能以自己的名义独立行使权利和承担义务。从域外经验来看，维权组织作为代表特定群体利益的一类社会团体，既可以完全基于民间力量自助发起，也可以在政府的主导下组建形成。传统上认为，维权组织在设立、组织、经费和运作方面应独立于政府。这也是非营利组织制度设计的一大重要特质。但实践表明，没有政府的支持，也可能使该类组织的维权行动举步维艰。考虑到我国资本市场发展基础尚为薄弱，民间组织的一些固有缺陷在我国可能尤为凸显。因此，目前的投服中心在由证监会主导，其他社会组织力量积极配合的模式下依法组建。严格来说，该维权组织并不是一个完全独立的非营利组织，而是证券监管机构支持下成立的半官方组织。此种身份可能使其独立性受到质疑，但同时也方便了它的设立，并使其具有较为充沛的经费来源。这种制度设计是充分考虑我国证券市场的结构特征以及证券监管机制的运行环境所做出的选择，也是对我国台湾地区“证券投资人及期货交易人保护中心”模式成功经验的借鉴。

3. 非营利性。非营利性是指维权组织具有公益性，不以追逐利益为目的。这是维持其独立性的重要前提，也是区别于企业等市场营利组织的重要特征。不过，维权组织在服务过程中也可能存在着收费现象，只是该收入用于组织发展，而不能在成员之间进行利润分配，也不能用于任何其他形式的个人受惠。可以说，公益性是维权组织本质的展示。

4. 专业性。维权组织必须具备能够胜任维权工作的专业技术和经验，以此弥补个体投资者在资源、信息、经验等方面的欠缺。相较公众投资者而言，投服中心具有专业性和敏感性，能够广泛搜集、专业分析证券市场上的各种信息，同时可以将投资者分散的利益诉求在组织内部进行筛选加工，以形成集中和简约的利益表达，随时为协助中小投资者行权维权提供及时有效的帮助。

(三)投服中心的主要职能

中小投资者维权组织对投资者权利的保护主要体现在协助其行使权利并给予权利救济两个方面。综观国内外中小投资者维权组织的运行情况，其主要职能包括以下几点：(1)向中小投资者提供信息和相关咨询服务；(2)受理中小投资者的投诉，并进行调查、调解；(3)代表或协助中小投资者行权维权；(4)开展投资者教育工作；(5)推动证券投资者保护立法。目前实践中，我国投服中心的职责设定就是积极回应投资者行权、维权过程中遭遇的普遍性、突出性的问题，着重履行持股行权、提起或支持诉讼、证券纠纷调解等国务院证券监督管理机构规定的职责。①

1. 持股行权。持股行权是指维权组织依法持有上市公司、挂牌公司股份，以股东身份行权和维权。维权组织通常在每一家上市公司中持有1个交易单位的股票，以使其可以作为每一公司的股东来行使共益权。具体而言，维权组织可以普通股东身份参与公司治理，如通过参加股东会议，通过投票以及提起股东建议方式有效促进上市公司规范运作，督促其积极落实中小投资者权益保护相关政策，提升上市公司整体投资者保护水平。

2. 提起公益诉讼或支持诉讼。提起公益诉讼是指投服中心以投资者保护组织名义，代表证券市场中特定或不特定的受侵害投资者整体利益提起的诉讼。支持诉讼则是以受损投资者为原告，投服中心发挥专业和信息优势，为投资者提供诉讼支持。其目的就是让中小投资者与被告在诉讼地位和能力上实现实质对等，降低诉讼维权门槛，促进证券市场公平正义。

3. 调解纠纷。为避免诉讼机制的高成本，投服中心可以发挥调解机制的作用，即投服中心作为居中独立的第三方机构，接受投资者等当事人申请，通过专业、高效和便捷的调解服务，妥善化解证券纠纷。

4. 接受申诉并提供咨询职能。维权组织要建立投资者服务热线。当投资者与

---

① 投服中心自2014年在上海市虹口区市场监督管理局注册成立以来，已经陆续开展了多项投资者保护工作。其经营范围则包括"面向中小投资者开展公益性宣传和教育；为中小投资者自主维权提供法律、信息、技术服务；公益性持有证券等品种，以股东身份行权和维权；受中小投资者委托，提供调解等纠纷解决服务；代表中小投资者，向政府机构、监管部门反映诉求；中国证监会委托的其他业务"。"中证中小投资者服务中心有限责任公司，注册号/统一社会信用代码：310109000691186。"上述信息通过全国企业信用信息公示系统(上海)查询所得。

证券市场各方主体因为证券的发行、交易及其他相关事宜发生争议或者受到不公平对待时，投资者可以通过该热线进行申诉，或者直接向维权组织提起书面申诉。与此同时，维权组织在个体投资者行使权利面临障碍或权利需要救济时，可以对其进行指导并及时提供相关咨询服务。

5. 投资者教育。为促进投资者理性行权维权以及宣传投资者保护措施，维权组织需要建立专门网站，并定期出版投资者保护刊物等来增强对投资者的教育。

6. 影响立法进程。为从制度根源上保障有关投资者权益的规定公平、公开，确实反映投资者意愿，维权组织应积极参与有关投资者权益的立法进程或修法进程。

概言之，立足我国证券市场的发展现状以及证券法律运行机制的实现路径，探索完善具有中国特色的投资者保护组织体系是促进我国资本市场持续健康发展的重要保障。在我国中小投资者保护措施亟待加强的背景下，鉴于将投资者保护单独立法颇费时日，因而利用证券法修改之契机，在证券法中设置专章规范投资者保护，同时对中小投资者维权组织的设立目的、管理主体、法定职责以及纠纷解决机制等进行原则性规定，无疑是专门立法缺位下的适宜之举。[①]

四、持股行权主体股东权的配置[②]

(一)投服中心的持股特色及其作为公益股东的基本定位

1. 投服中心的持股特点

投服中心能够以股东身份介入证券市场和上市公司，并通过监督公司活动、实施股东权利、发动股东派生诉讼等多种方式保护中小股东利益，其前提就是要购买上市公司的股票成为其股东，进而通过行使公司法、证券法等赋予股东的一系列权利参与上市公司治理，维护投资者权益。与普通投资者相较，投服中心的持股样态具有以下特点：

(1)持股主体的特殊性。投服中心是经证监会批准设立并直接管理的专门为保护投资者权益而持有股票并行使股东权利的公益机构。其主要职责就是为中小

---

① 参见陈洁：《〈证券法〉应明确投服中心的功能定位》，载《中国证券报》2016 年 12 月 13 日，A12 版。

② 参见陈洁：《投服中心公益股东权的配置及制度建构》，载郭文英、徐明主编：《投资者》(第 1 辑)，法律出版社 2018 年版，第 78 页。

投资者自主维权提供教育、法律、信息、技术等服务。作为介于市场和政府之间的一种社团法人,这个专门的投资者保护机构具有组织性、独立性、非营利性、专业性等特点,不同于资本市场上的任何一个为私益而持股的自然人或法人、非法人组织的普通投资者。

(2)持股数量固定。投服中心普遍性持有沪深交易所每家上市公司一手股票。这是因为证券交易所规定投资者最低持股数为100股(一手),且根据公司法规定,不管持股数量多少,只需持有公司股票即可成为公司股东,行使公司法规定的股东权利。从节约持股成本角度出发,投服中心持有一手股票无疑是最符合经济原则的。当然,根据公司法规定,也有部分股东权利的行使需要达到一定的持股数量及持股期限要求,对此,投服中心需联合其他中小投资者,依靠征集投票权或受托代理行使权利等方式以满足特定的股东资格的限制性要求,或直接申请法律的豁免性的特殊待遇。

(3)持股范围的普遍性。投服中心是普遍性地持有在上海证券交易所和深圳证券交易所上市的所有股票。时至今日,投服中心共持有3314家上市公司股票,成了沪深交易所所有上市公司的股东。投服中心普遍非差异性持股主要是出于对整个资本市场中小投资者进行全面性保护的目的,同时也要防止选择性持股而造成的个别公司股价异动的风险。具体而言,上市公司侵害中小投资者的事件具有不可预测性,如果不能普遍性持有所有上市公司股票而是选择性的持股,就很可能顾此失彼,挂一漏万。此外,被选择性持股的公司也很有可能被市场视作"问题公司"而导致该公司股价异动风险。

(4)持股期限的永久性。关于持股的期限,投服中心一旦持有每家上市公司一手股票后,原则上不再进行交易。这是因为投服中心持股是为了行使股东权利而非用于交易获利,即持股只是为达到行使股东权利目的而实施的一种手段。此外,持股的稳定性也是考虑到要维护资本市场的稳定,避免因投服中心买卖股票而引发市场股价异动。

2. 投服中心作为公益股东的基本定位

投服中心通过购买并持续持有上市公司100股股份来获得上市公司股东身份。投服中心这个股东的角色定位应该是什么呢?

(1)投服中心是普通股股东,不是优先股股东。普通股与优先股的本质区别在于普通股所代表的是完整的股东权利，而优先股往往是以参与性权利的限制或取消为对价而获得经济性权利的优先或增强。目前，我国公司法架构下的股东权利配置实质上还是属于典型的法定一元化模式，相应的股份类型也仅表现为单一的普通股，[①]因此，毋庸置疑，投服中心是普通股股东。在股东权利一元化配置模式下，每一股份所对应的权利是相等的。作为公司的出资者，投服中心虽然仅持有一手股票，但它与控股股东在法律上的地位是一致的，他们都是公司的股东，都享有公司法和公司章程规定的内容相同的股东权，包括自益权和共益权。

(2)投服中心是特殊的普通股股东。投服中心特殊的组织性质与功能定位，表明它不可能等同于上市公司普通的持有100股股票的小股东。投服中心是以股东利益代表者和利益维护者的身份成为中小投资者利益组织化的有效载体，其本质特征在于其既可以通过自身的特殊投资者身份独立行使权利，也可接受个体投资者权利的让渡，并以其专业的知识、组织的力量来实现保障投资者个体权利的宗旨。因此，投服中心的股东权配置应当与其保护股东权益的制度预设目标相契合。由于立法滞后，我国相关法律尚未对投服中心的特殊权利配置予以规范，但从制度目标实现机制以及域外经验考察，公益性投资者维权组织的股东权利应该有别于普通的小股东权利。这种特殊的权利配置不是一种简单地以分红权和剩余财产分配权为代表的经济性权利或以表决权为代表的参与性权利的优先与增强，而是要针对投资者维权组织的功能定位与目标设计，大致围绕着两个基本维度展开的：第一个基本维度是赋予维权组织某些特殊的股东权利不受持股数量与时间限制的权能；第二个基本维度是赋予维权组织能够较为便利地代表其他中小股东寻求诉讼救济的股权的处分权能。该问题将在本文第二部分加以详细探讨。

这里值得强调的是，尽管投服中心是在政府主导下组建形成的公益性组织，但其所持股份与域外专门针对政府持股而设计的所谓黄金股份(以下简称金股)并不相同。尽管二者都具有权利行使的公益性特征，但金股一般仅限国有资本持有，且大多数国家(地区)仅在可能影响国计民生的特殊重要企业中设立金股。金股的特殊性在于赋予政府或者其控制的机构对私有化后的公司享有某种不为一般持股者

---

① 尽管我国《公司法》第131条规定："国务院可以对公司发行本法规定以外的其他种类的股份，另行作出规定。"但除证监会的《优先股试点管理办法》外，国务院至今尚未正式制定颁布股份公司发行类别股份的具体规则。

所享有的特别权利,比如对特定事项享有最终决定权或者否决权,其目的是使政府能够阻止收购、限制投票权或者否决管理层的决策。[①] 此外,在制度设计上,金股往往通过限制或者消除经营性权利(私法意义上的权利)而保留或者扩张公益性权利(公法意义上的权利),其目的在于既可以避免国有资本对于公司日常经营事务的过度干预,又可以使国有资本在必要的时候能够发挥维护社会公益的作用。至于投服中心的设计理念,实际上是通过私法手段实现公法目的一个尝试,因此,制度设计上应该加强其私法意义上的权利以实现其公法意义上的功能。

鉴于公益性是维权组织本质的展示,公益性不仅是维权组织区别于其他市场营利组织的重要特征,也是投服中心区别于其他普通股股东的核心特征,因此,将投服中心特殊普通股股东的身份定位为"公益股东"并赋予其与其功能定位相适应的特殊权利配置实属情理之中。

(二)投服中心公益股东权利配置的基本构造及内在机理

1. 投服中心公益股东权利配置的基本构造

依据《公司法》的规定,股东享有的权利可以分为以下三类:一是基本股东权利,如分红权、剩余财产分配权、投票权、处分权等;二是附随性股东权利,如知情权、查阅权等;三是救济性股东权利,如代表诉讼权等。这些权利中,以是否对股东持股数量及时间有特殊要求为标准,又可以分为以下两类:一类是具有股东资格即可普遍拥有的权利,如质询权、建议权、表决权、决议撤销诉讼权等;另一类则是具有持股比例及时间的特殊要求的权利,诸如股东代表诉讼权、[②]临时提案权、[③]股东会议召集权、主持权[④]等。

就目前投服中心的持股行权实践来看,投服中心采取的行权方式主要有发送

---

① 参见汪青松:《股份公司股东权利多元化配置的域外借鉴与制度建构》,载《比较法研究》2015年第1期。

② 《公司法》第151条第1款规定:"董事、高级管理人员有本法第一百四十九条规定的情形的,有限责任公司的股东、股份有限公司连续一百八十日以上单独或者合计持有公司百分之一以上股份的股东,可以书面请求监事会或者不设监事会的有限责任公司的监事向人民法院提起诉讼;监事有本法第一百四十九条规定的情形的,前述股东可以书面请求董事会或者不设董事会的有限责任公司的执行董事向人民法院提起诉讼。"

③ 《公司法》第102条第2款规定:"单独或者合计持有公司百分之三以上股份的股东,可以在股东大会召开十日前提出临时提案并书面提交董事会;董事会应当在收到提案后二日内通知其他股东,并将该临时提案提交股东大会审议。临时提案的内容应当属于股东大会职权范围,并有明确议题和具体决议事项。"

④ 《公司法》第101条第2款规定:"董事会不能履行或者不履行召集股东大会会议职责的,监事会应当及时召集和主持;监事会不召集和主持的,连续九十日以上单独或者合计持有公司百分之十以上股份的股东可以自行召集和主持。"

股东建议函、参加股东大会、股东大会之外期间现场行权、参加上市公司说明会、公开发声等。总结上述投服中心的持股行权现状，可以发现，投服中心目前的持股行权基本上就是在公司法框架下行使普通的小股东权利，诸如质询权、表决权等，至于有持股时间及数量限制的股东权利则都未开展。简言之，投服中心的持股行权本质上没有突破小股东的权利范畴。这样的持股行权存在两个突出的问题：其一，投服中心没有发挥自身的特殊功能与制度优势。作为一个国家专门设立的投资者保护机构，仅仅通过持股而获得并行使普通股小股东的权利角色是远远不够的，也是与其制度预设初衷相背离的。这样的持股行权现状，与当前投服中心法律地位不够清晰、持股行权机制法律保障不够充分直接相关。其二，投服中心市场化的维权的特色无法体现。由于立法滞后，投服中心的公益性维权活动尚处于起步阶段，市场各方对公益性维权组织的属性职责、功能定位等还未形成统一认识。就目前实践来看，尽管投服中心持股行权效果明显，但资本市场各界的意识形态里，一定意义上还是将投服中心视为证监会的派出机构，因此，投服中心的维权行权很大程度上是依靠行政的力量发挥作用，投服中心的市场化角色没有充分树立起来。

2. 公益股东特殊权利配置的内在机理

尽管各个国家和地区对股东权利配置的基本理念与制度设计不尽相同，但其中所蕴含的基本法理与内在机制并无二致。除立法强制性规定外，不同类别股东的特定权利构造本质上都是某些权利或利益之间交换取舍的结果。在此基础上，立足投资者维权组织的功能定位来分析其特殊股东权利配置得以生成的内在机理，笔者认为，公益组织理论以及传统的经济学理论乃至公司法理都能够为公益股东特殊的权利配置提供相应的逻辑基础。

（1）公益性是公益股东获取特殊股东权配置的核心和基础

投服中心公益股东权利应予特殊配置的核心是公益性。公益组织的相关理论为投服中心公益股东权利配置层面的拓展创新提供了有力的理论支撑。首先，公益组织与非公益组织是基于不同的内在逻辑运作的。公益组织是以“社会公共利益的最大化”作为自己的行动追求。而且这种行动追求，其目标直接就是公共利益的最大化，而不似某些非公益组织，是通过追求私益而客观地令社会公益最大化。其次，公益性组织提供的公益服务是绝对不营利的，其机构工作人员及志愿者活动经费均来自公益资金筹措,而非服务对象交费。当然,公益组织在服务过程中可能存在收费现象,但此收入可用于组织发展,而绝不能在成员之间进行利润分配,除用于支付工资和合理福利外,不能用于任何其他形式的个人受惠。[①] 这是公益组织区别于企业等市场营利组织的重要特征。

投服中心持股行权的目的不是营利,而是保护证券市场上不特定投资者的权益,促使上市公司等忠实审慎勤勉经营,维持证券市场信心和证券市场秩序,这是投服中心的公益性目的。投服中心的公益性特征使其具有提供公共服务的天然优势,它们提供的公共服务能够满足公共需求的多样性与异质性,是政府有力的公私合作伙伴。在投服中心的持股行权过程中,其持有上市公司股份的事实与行为,体现了投服中心的市场角色的一面,要按照市场主体的行为规范行使权利,更多体现市场配置资源的微观基础和主体选择;其维护证券市场秩序、投资者权益以及非营利的目的,体现了投资中心行使政府职能的一面,要更好地发挥政府监管证券市场的行政目标。可以说,投服中心开展持股行权为我国证券执法体系的合理化建构,以及在其中为政府与市场确立有效的功能定位及运行机制提供了新的制度创新思路和现实可能性。因此,在投服中心公益股东权利配置上,应当尽量从加强其私法意义上的权利以实现其公法意义上的功能,尽量消弭目前我国由政府和市场提供的投资者保护之类的公共产品数量与社会实际需求存在巨大差距之矛盾,这对我国资本市场发展具有强烈的现实意义。

(2)目标正当性是公益股东获取特殊股东权配置的前提条件

在我国资本市场上,尽管投资者人数众多,但其中可称为"成熟投资者"的比例极低。而在证券市场所蕴含、证券法所确认的投资者权益中,那些需要由投资者积极行使的权利很难有效实现。鉴于我国当前投资者权利保护的自为机制显然处于软弱的态势,并造成我国投资者维权情势严峻的结构性原因和机制性障碍,[②]投服中心持股行权的功能设计就是弥补这种缺陷的有效措施。概括而言,投服中心持股行权对我国资本市场的正效益性主要表现在这样几个方面:一是提升广大投资

---

① 参见庞承伟:《公益性民间组织理论界定初探》,载《青岛日报》2006年8月5日,第6版。

② 参见陈甦、陈洁:《投服中心持股行权:理念创新与制度集成》,载《证券日报》2016年12月31日,A03版。

者的行权水平和维权能力，由此构成证券市场机制的一个重要构成；二是提升投资者理性程度，由此构成证券市场成熟程度的一个重要标准；三是提升投资者的维权信心，由此构成证券市场信心的一个重要方面。可以说，正是这样的目标正当性才是投服中心作为公益股东获取特殊股东权配置的前提条件。

(3)效益性是公益股东获取特殊股东权配置的客观要求

从公司法理出发，股东权利多元化配置的创新也需要符合效益优先的构造理论。就投服中心而言，投服中心作为中小投资者利益团体的代表人积极参与到上市公司治理中，促进上市公司规范运作，示范引领广大中小投资者积极行权、理性维权、依法维权，它要以有限资源实现最优行权效果，就必须获得相关法律制度的支持，建立科学的持股行权决策机制，优化行权目标和行权措施选择能力，强化持股行权资源的配置能力，提升行权项目的管理执行能力。事实上，投服中心持股行权以来一直追求低成本、高效益的特性：一是在财政初期投入后，投服中心持股行权可通过公司治理结构与运行机制展开。二是持股行权的示范作用、警示作用等，可以较低成本获得较高的约束效益。三是通过持股行权提起或参与诉讼仲裁时，其胜诉赔偿可用来支撑持股行权成本。四是投服中心按照公司治理结构设置内部组织结构、配置内部监管。参与持股行权，可提高管理效益。

尽管如此，目前由于立法滞后，投服中心仅仅在公司法框架下以普通股小股东的身份行权维权势必导致其维权效率低下。例如，依据《公司法》第151条的规定，投服中心要行使股东代表诉讼权时，即便其有足够的资金针对问题公司进行增持股票到1%（事实上投服中心不可能去增持股票，而只能以委托代理或联合行权等方式联合其他投资者共同行权），但同时还要满足连续180日的时间要求。这样的行权时间周期和资金成本对投服中心而言都难以实现。而从我国资本市场实践来看，上市公司董事、高管通过关联交易、侵占资产、违规担保等方式侵犯上市公司的事件屡禁不止，而上市公司的董事会、监事会极少主动提起诉讼维护公司利益，因此，由中小投资者维权组织提起股东代表诉讼是维护中小投资者利益的有效途径，但现行公司法的规定无疑将严重阻碍投服中心持股行权工作的开展和落实。考虑到投服中心只是一个金融公益机构，其本身并没有实质的行政权和足够的人力、物力，因此，如何从法律建构上赋予其必要的手段和措施，使其能凭借持有每家上市公司一手股票的特殊身份充分行使持股行权的职责,就显得尤为重要且必不可少。

(4)权利配置和预设目标的匹适度是公益股东获取特殊股东权配置的理性要求

作为证券市场的新生事物,投服中心持股行权尚处于起步试点阶段。但就目前情形而言,已经显现出资源配置不足的情形,影响了投服中心持股行权预设目标的实现,因此,必须加大对投服中心持股行权的保障力度,在资源配置上给予投服中心更多的倾斜。其中关键之一,就是要在职权资源配置上更多地向投服中心倾斜,并赋予其适当的自主性,以提高投服中心持股行权的主动性、选择性和适当性。

就权利配置而言,一方面,如前所述,从投服中心的功能定位出发,针对类似提起股东代表诉讼的维权方式,公司法应当给予必要的股东资格特殊限制的豁免,以满足投服中心的持股行权需求。另一方面,权利配置和预设目标的匹适度也是公益股东获取特殊股东权配置的理性要求。具体而言,鉴于投服中心的职能设定是积极回应投资者行权、维权过程中遭遇的普遍性、突出性的问题,着重履行持股行权、提起或支持诉讼、证券纠纷调解等国务院证券监督管理机构规定的职责,因此,尽管其也是通过股东身份来促进公司治理,但其并不具体介入日常公司经营活动,而是要充分运用市场利益维护者身份,通过积极提起股东代表诉讼、参与立法活动等措施,来保护公众投资者的合法权益。从这个职能定位出发,对于其他可能影响公司日常经营的股东权利的持股限制,如行使临时提案权、股东大会召集权等,就不建议对投服中心公益股东予以直接豁免。

总之,为将持股行权工作进一步推向全面深入,切实增强我国投资者权益保护的有效性,立法上必须根据投服中心的设立目的,充分考虑投服中心的公益性和职能行使的特殊性,从投服中心持股行权的制度连接点与角色平衡点出发,有效使用制度资源,尽快通过在法律层面对投服中心公益股东权的配置做相应的修改或完善,有针对性地豁免投服中心在行使救济类股东权利时相应的持股比例限制,才能增强公益组织在规范证券市场秩序方面的角色功能,提高我国证券市场的自治能力,确保证券法提供的各种措施目标能够实现。

（三）投服中心公益股东权特殊配置的制度保障

强制性规范适用的逻辑基础是其所调整对象涉及第三方利益（包括社会公共利益），而投服中心公益股东权利的配置涉及资本市场多方利益主体，并进而影响社会公共利益，因此，投服中心公益股东权利配置的实现必须依赖于强制性的立法规范。鉴于投服中心公益股东权利特殊配置具体实现的内容相当庞杂，因此，投服中心公益股东权利配置的制度保障有赖于不同层次立法的强制性安排。具体制度建构的重点不仅包括公益股东定位的基本原则、公益股东的权利构造、权利行使、权利处分和权利保护等相关制度，还涉及其作为公益股东与市场其他主体、组织之间的权利的衔接配合。因此，不仅相关法律层面要为投服中心创制特殊股权配置提供制度支持，相应的行政法规、部门规章等层面的配套衔接制度也要出台。本篇仅从整体角度提出一些可资借鉴的建构思路。

1. 公司法、证券法以及诉讼法层面的制度建构重点

（1）公司法层面

可以借鉴国外经验，在公益股东权利特殊配置的制度体系中，公司法的制度设计可以有两种思路。第一种思路就是在对公益股东的概念以及公益股东权利维度、程序规范以及限制性规定前提下，还要对公司法中与公益股东权利特殊配置不兼容的条文进行修正。例如，要对我国现行《公司法》第 151 条关于提起股东代表诉讼的限制条件规定例外条款。第二种思路是若投服中心的公益诉讼主体地位能够在诉讼法中得到明确，那么公司法可以规定投服中心在涉及众多投资者利益的诉讼中，有资格以自己的名义向法院提起诉讼，从而更便利投服中心行使权利，保护投资者合法权益。

（2）证券法层面

在证券法层面，应当明确将投服中心持股行权作为一项创新型的投资者权益保护措施，纳入证券法规定的投资者权益保护体系。主要立法设计是对投服中心的法律地位、职能范围等基本问题予以明确；对其持股行权的措施、方式、效力和保障条件等予以系统规定。

（3）诉讼法层面

2013 年修订的《民事诉讼法》第 55 条第 1 款规定："对污染环境、侵害众多消费者合法权益等损害社会公共利益的行为，法律规定的机关和有关组织可以向人民

法院提起诉讼。”依此规定,投服中心是否属于“法律规定的机关和有关组织”,从而以投资者保护组织名义,代表证券市场中特定的或不特定的受侵害投资者整体利益提起公益诉讼还有待明确。笔者建议,诉讼法层面应尽快明确赋予投服中心公益诉讼的主体地位,同时规定投服中心公益诉讼可以享受减免相关诉讼费用等优惠政策。

2. 行政法规或部门规章层面的制度建构重点

作为介于市场和政府之间的一种社团法人,投服中心必须具备法定的组织形式和制度规范,以保证其身份角色、市场地位和工作机制的稳定性和持续性。同时,投服中心的运行机制也要注重与证券市场上其他组织机构的有机衔接,从而保证整体效能的发挥。具体制度建构上,要按照公司法、证券法的授权,可以考虑采取条例、规定或者办法等形式来充实投服中心持股行权的具体规则及相关配套机制。主要内容包括以下几点。

(1)投服中心持股行权规则。主要对包括对行权决策的流程、行权决议的具体实施、对行权效果的实时记录与动态评估、工作人员的任职条件、回避制度、保密制度和资料保存制度等予以科学规范。

(2)投服中心管理规则。应当对投服中心的组织形式、单位名称、内部管理、经费来源等予以进一步的充实完善,以健全投服中心的内部关系,不断提升投服中心的内部管理水平。

(3)相关配套规则。包括投服中心应与证监会相关部门和单位建立涉嫌侵害中小投资者合法权益的线索共享机制、信息及证据共享机制。实践中,投服中心尤其要重视跟证监会投资者保护局、跟证券业协会和投资者保护基金公司的互动配合,以形成有机的投资者保护组织体系。

3. 上市交易规则层面的制度建构重点

交易所层面的具体规则建构主要注意两个方面:一是上市交易规则与持股行权规则的特殊需求的协调。二是强化信息披露规则。对投服中心持股行权涉及上市公司的重要情形要进行真实、全面、及时的公开披露。

第二章　域外股东维权组织相关经验的梳理和借鉴

由于证券市场上的投资者兼具上市公司股东和证券交易者的双重身份，因此，总体而言，各国（地区）对投资者的保护路径也可以由此两个身份展开。为保护投资者作为证券交易者的权益，资本市场较为成熟的国家和地区大都专门设立证券投资者保护基金，作为防范和处置证券公司风险中保护证券投资者利益的专项资金。至于投资者股东身份权益的保护，由于世界各国（地区）资本市场发展水平、监管理念以及法律传统差异，各国（地区）对于投资者作为股东是否应该给予组织保护，以及组织保护程度、方式应当如何存在较大差异。在给予组织保护的国家或地区中，绝大多数的股东维权主要通过纯民间组织来实现，这些组织被称为"非政府组织"（Non-Government Organization，NGO），或"非营利组织""公益组织""民间非营利组织"等，而只有我国及我国台湾地区设立专门的官方非营利组织来保护投资者的股东权益。鉴于我国及我国台湾地区投资者维权组织的职能定位、运行机制比较相近，故本课题主要比较借鉴我国台湾地区的模式经验，并着重从维权组织持股行权的角度展开考察研究。

一、域外非营利股东维权组织的考察比较

（一）营利股东维权组织的主要模式介绍

尽管以非营利组织方式存在的中小投资者保护组织形式多样，发挥的作用也不尽相同，但基于各国（地区）不同的法制背景、投资者保护制度的路径传统以及股东维权组织的影响状况，域外股东维权组织的主要模式有三种。

1.美国模式

美国是以机构投资者为主的资本市场。机构投资者主导的"股东积极行动主义"与律师主导的"集团诉讼"的并行不悖构成了美国投资者保护的基本框架。在美国,由于机构投资者具有较强的行权需求和维权能力,同时建立在发达的律师制度基础之上的集团诉讼制度以及配套的司法机制比较完善,投资者自力救济容易实现,因此,专门为投资者的股东权益提供保护的组织并不特别引人关注。比较著名的是早在1940年就成立的全国投资公司协会(National Association of Investors Corporation,NAIC)。该协会是一个自律性质的非营利组织,其宗旨是使投资基金交易公正进行,保护投资者的利益,促进投资基金业的健康发展。其分支机构投资俱乐部因不仅提供信息和专业支持服务,还设有互助的集合理财投资产品反而更具社会知名度。此产品不同于委托理财式的共同基金,它是由参与投资者以投票的方式共同做出投资决策,实现信息共享和风险共担,并降低投资成本。1961年全国投资公司协会更名为投资公司机构(Investment Company Institute,ICI),但其性质依旧是非营利的公益组织,它的任务主要是倡导投资公司(包括共同基金、封闭式基金以及个人投资信托)的利益和股东利益,并帮助公众理解投资机构,鼓励投资管理人更高的道德水准。① 其具体的职责主要包括参与并监督有关投资公司的立法;收集投资基金业的业务数据;负责公开信息和辅导材料的制作和发放,及时向协会会员、证券经纪商和传播媒介报告协会的重要活动和投资基金业发展的重要事项;向公众传播投资基金知识,介绍投资于投资基金的办法,宣传投资基金的好处;通过组织和宣传手段,严格执行法规,以保持和提高投资基金业务的良好发展。②

除全国投资公司协会外,有学者提到中证投服中心的定位与功能,十分类似于美国股东权益代理服务机构"机构股东服务公司"(Institutional Shareholder Services Inc.,ISS)。③ 的确,从20世纪80年代开始,英美市场自发形成了商业化的投资者

---

① 参见民族证券申团营:《基金业发展关键:培养良好的价值投资观》,载《上海证券报》2008年7月21日,B15版。

② 载百度百科网:https://baike.baidu.com/item/%E7%BE%8E%E5%9B%BD%E6%8A%95%E8%B5%84%E5%85%AC%E5%8F%B8%E5%8D%8F%E4%BC%9A/12751970?fr=aladdin,最后访问日期:2018年1月26日。

③ 参见董登新:《证券投资者保护的突破口》,载《中国金融》2016年第16期。

服务公司,提供公司监测、议案分析、投票代理、求偿索赔等服务,为投资者创造了巨大价值。仅从功能角度出发,美国 ISS 作为世界最知名、最有影响力的一家股东权益代理机构,专门为金融市场参与者代理咨询与公司治理解决方案。ISS 提供的服务及产品系列,与投服中心有很多相似之处,包括目标公司治理研究及建议,代理投票及分配解决方案,证券诉讼索赔管理等。但二者最核心的差异在于投服中心属于官办公益性机构,以"持股行权"为主要任务,而 ISS 则属于民办营利性机构,它主要是为机构投资者提供咨询服务和代理服务。

2. 日韩模式

20 世纪 90 年代以来,由于亚洲金融危机、国内和地区内公司丑闻、股市衰退和投资需求多样化等因素的影响,日本、韩国、我国台湾地区等国家和地区对投资者保护的需要日益增长。非营利性投资者保护组织不断兴起,并在投资者股东权益保护方面发挥了相当积极的作用。

(1)日本 KO 组织

日本最有名的股东维权组织当属"股东权益巡视员"(Kabunushi Ombudsman, KO)。该组织 1996 年 1 月 8 日在大阪成立,其基本宗旨是改革日本企业的经营实践,使之尽量考虑到普通股东和公民的利益。该组织性质是由律师、会计师、学者、散户投资者和其他公民组成的非营利组织,而且是有史以来第一个对日本的商业企业进行监督的民间组织。[①] 由于日本国内对设立非营利组织有严格的限制,因此,日本 KO 组织表面上采取有限责任公司的组织形态,但通过章程的特殊规定,使 KO 组织实质上与非营利组织相同。首先,KO 组织在章程中明确了自身以提供公共产品为目标,即以行使股东法律权利、促进公司信息披露以及反映股东主张为目标。其次,章程中规定 KO 组织不向成员分配利润。实践中,该组织的活动实际上由会员和社会的捐款来维持,并主要通过以下活动实现组织目标:①监督企业经营,批评不利于社会的企业行为;②行使普通股东的权利,必要时通过诉讼迫使企业做出相应的信息公开;③就企业经营透明化、民主化、公平化,实现社会正义和环境保护提出股东提案;④赞扬并宣扬那些提高工作环境、从事慈善事业、保护环境、

① 参见汤欣:《私人诉讼与证券执法》,载《清华法学》2007 年第 3 期。

雇佣残疾人士、推动性别平等、对公司运作进行充分披露的公司。① 具体从持股行权视角考察,除发动代表诉讼以外,KO作为上市公司股东发挥作用的路径,主要是向若干大公司提出股东大会临时提案,要求修改章程细则,就董事的薪酬和退休津贴进行公开说明等。这些维权措施都获得了比较良好的社会效果。

(2)韩国的"参与民主人民联盟"(People's Solidarity for Participatory Democracy,PSPD)

"参与民主人民联盟"(People's Solidarity for Participatory Democracy,PSPD)成立于1994年9月10日,是韩国最为著名的非营利性投资者组织。该组织刚成立时困难重重,东南亚金融危机使PSPD的维权活动得到了社会各界的关注,同时也给了PSPD一个摆脱困境的机会。到1998年年中,PSPD的会员由最初的200个突破到1000个,截至2016年1月,PSPD已经有15,000名会员。会员缴纳的会费不仅可以完全满足PSPD的维权需要,而且还有节余。PSPD利用这些节余购买了每一家上市公司最低限量的股票,理所当然地成为每一家上市公司的股东。②

PSPD实际上是一个拥有多个行动团体的非营利集团组织,它包括司法监督中心、议会活动中心、促进社会透明中心、小权利运动部、参与经济委员会、科学技术民主部、社会福利特别委员会7个部门,还包括5个附属机构。其中的"参与经济委员会"(Participatory Economy committee,PEC)从1997年开始即致力于维护少数股东权益的运动,这一运动的目标是通过联合小股东力量对控股股东形成制衡,以保护小股东权利并促进公司经营的透明化。PEC由高丽大学教授张夏成(Hasung Jang)创立,会员包括律师、会计师和学者。PEC的设立宗旨如下:"通过推动公司实现经营的透明化和负责任的经营方式来改善韩国经济结构。委员会积极开展活动的深层次理念是,如果不对韩国国内以过度多角化经营、高负债率、内幕交易、出于自利的捐赠和企业产权继承为特征的财阀体系进行改革,则韩国经济的转型和未来发展都将成为泡影。"该组织通过参与股东大会、行使股东权;纠正管理层不当行为、对公司管理层进行持续性监督;追究管理人员责任,挽回投资者损失;参与立法活动等方式实现其宗旨,并使自己成为韩国股东积极主义(shareholder activism)

① See "About Kabunushi (Shareholders) Ombudsman: Its Goals and Activities", Accessed January 26, 2018, http://www.zephyr.dti.ne.jp/~kmorioka/about%20KO_e.html.

② 参见吴风云、赵静梅:《证券市场投资者保护的韩国经验及启示》,载《改革》2005年第7期。

的先锋。[①] 具体来看,PSPD 以民间非营利组织的名义提起公益诉讼、发起少数股东权益保护运动,并通过咄咄逼人的媒体攻势来监督财阀的经营政策,[②]迫使公司提高治理水平。PSPD 发起的“公司监督行动”(corporate watchdog activity),引起韩国社会对一些妨碍建立公平市场的现象的重视,如工业资本控制金融资本、扭曲的公司所有和控制结构等。在上述的运动中,PSPD 使用了各种手段,主要包括提出股东提案、利用投票权进行对抗、独立提名公司外部董事人选、就公司管理层和大股东的不当行为提起民事及刑事诉讼、就不当捐赠和继承事宜提起控诉、积极参加公司的年度股东大会、对公司的信息披露进行持续跟踪并积极参加立法游说等,获得了社会广泛的认可,影响巨大。

毋庸置疑,在过去的 20 多年中,PSPD 已经成为韩国证券市场一个重要势力,甚至被人们看作韩国的“第二金融监管局”,有着与政府类似的权威。然而,PSPD 是一家纯粹的民间组织,没有任何特权和强制权力,它自成立以来的上百次行动绝大多数以失败告终,少数成功者也来得困难、赢得艰辛。由于没有强制权力,PSPD 提起的各项请求能否获得上市公司的配合,全靠上市公司的“责任感和职业精神”。[③] 此外,PSPD 的行动甚至很少得到监管部门的支持,起诉到法院的案件也很少胜诉,甚至还受到学界的质疑。究其原因,由 PSPD 也宣称以改善公司治理结构、保护投者权益为宗旨,因此,在韩国金融监管局眼中,PSPD 是对金融监管局权威的一种挑战,PSPD 的胜利意味着金融监管局的监管失职。在这种情况下,PSPD 要与监管部门建立协调的关系是非常困难的。此外,PSPD 的诉讼请求要获得法院的支持,不仅依赖于 PSPD 能够提供充分的证据、详尽的信息,而且需要法官对证券事务有足够的经验、对投资者保护有足够开明的理解和倾向性。事实上,上述条件现实中非常难以达成。因为该组织的行动很少受到监管机构的帮助。在上市公司重大丑闻爆发并受到监管机构的调查以后,PSPD 索取政府调查报告的努力几乎从未成功,这为该组织向法院提起针对丑闻公司的诉讼平添了许多麻烦。PSPD 打官司取得胜利看起来几乎是偶然事件。[④] 据统计,PSPD 的胜诉率不超过 30%。

---

① See Jooyoung Kim and Joongi Kim, “A Review of Mow PSPD Has Used Legal Measures to Strengthen Korean Corporate Governance”, *Journal of Korean Law*, Vol. 1, No. 1 (2001), p. 51.

② 参见汤欣:《私人诉讼与证券执法》,载《清华法学》2007 年第 3 期。

③ 吴风云、赵静梅:《证券市场投资者保护的韩国经验及启示》,载《改革》2005 年第 7 期。

④ 参见汤欣:《私人诉讼与证券执法》,载《清华法学》2007 年第 3 期。

3. 我国台湾地区模式

我国台湾地区早期对投资者的双重身份采取不同的保护机制,即既有用于赔偿机制的证券投资人保护基金,又单设保护投资者其他权益的"证券及期货市场发展基金会"(Securities and Future Institute,SFI)。SFI 并不是一个完全独立的非营利组织,而是在我国台湾地区证券监管机构的支持下成立的半官方组织。SFI 的主要目标是配合经济成长,不断筹划推动各项工作,拟定各项研究与服务计划,以证券及期货业者与投资大众为服务对象,期以引导投资活动,推动证券及期货市场之学术与实务研究,加强投资人权益之维护,提供完整之资讯,以促进市场整体的健全发展。SFI 主要通过两个方面的活动促进投资者保护:一方面,它支持相关研究工作、协助解决证券活动纠纷、提供法律咨询以及从事促进投资者教育的活动;另一方面,由于 SFI 拥有台湾地区每个上市公司 1000 股股份,它也以股东身份维护股东权益,包括参加股东会议、行使归入请求权、作为股东代理人参加诉讼等活动。

20 世纪末,我国台湾地区经济陷入低谷,公司治理的许多缺陷因此曝光。为了维持投资者信心,促进资本市场发展,我国台湾地区在总结证券投资人保护基金和 SFI 运作经验基础上,2002 年颁布了"证券投资人及期货交易人保护法",把中小投资者组织保护推到更高的层次。该规范决定设立法定的投资者保护机构——"财团法人证券投资人及期货交易人保护中心"(Securities and Futures Investors Protection Center,SFIPC,以下简称"投保中心")。2003 年年初,"投保中心"正式成立。"投保中心"的主要职能是为投资者提供咨询、接收投诉、进行证券纠纷调解、代表投资者进行团体诉讼、行使归入请求权,并在证券商或期货商因财务困难无法给付款券或保证金时,动用保护基金偿付善意投资人。因此,"投保中心"实际上是以法律形式将证券投资者保护基金和 SFI 的大部分功能融合起来。此外,"投保中心"进一步细化了配套规定,克服了证券投资者保护基金资金来源问题,并明确团体诉讼规定,加强投资者诉讼权利保护。

(二)三种模式的比较分析

1. 从三种模式下股东维权组织的发展及受重视程度来看,它们与各国及地区投资者保护法律制度供给，尤其是股东诉讼救济制度的供给呈反比：[1]在美国，集团诉讼制度非常发达，投资者自力救济机制比较完善，因此，相应地，非营利维权组织在帮助提供诉讼机制方面就非常弱化；反之，在投资者保护相对落后，尤其投资者维权机制成本较高的国家或地区，非营利股东维权组织的受重视程度较高，发挥的作用也比较积极。可见，股东维权组织的发展模式及其实现程度与各国及地区中小投资者保护法律制度供给、需求差距呈正相关关系是有其内在的制度基础与实现逻辑的。

2. 同样在非营利组织架构下，具有政府背景的维权组织的运行机制以及维权效果更具优越性。以上述韩国维权组织为例，民间团体模式的投资者服务机构是很难长期、有效地保护投资者的，尤其没有专门法律规范作为行权支撑的纯粹民间投资者服务机构，其行权范围、效果必将受到限制，同时由于其缺少政府背景，也会因得不到监管部门的认可而事倍功半。究其原因，就在于民间维权组织与监管机构之间存在的角色冲突。就韩国经验来看，随着 1997 年金融危机爆发以后公司丑闻陆续曝光，社会对于韩国监管当局的怨言日益增加，而 PSPD 的身份决定了它不仅是“揭盖者”和“麻烦制造者”，而且本身就对金融监管当局颇多微词。在韩国监管当局眼中，PSPD 是对监管者权威的挑战，PSPD 的成功即意味着监管当局的失职。在这种情况下，PSPD 要和监管机构建立互助、协调的关系已然十分困难。[2]

二、我国台湾地区“投保中心”组织运营方面的经验借鉴

尽管各国(地区)中小投资者保护组织发展的土壤不同，各自规模、形式、发挥的作用也不尽相同，但归纳它们的基本架构与运营模式，中小投资者保护组织运营机制中最核心的问题主要有三点：由谁出资、由谁管理、如何使用。

我国台湾地区“投保中心”是我国台湾地区“法定”的从事投资者权益保护与服务的机构，成立至今的 10 余年间，建立了较成熟的投资者保护机制，积累了较丰富的投资者服务经验。同时，立足现有的考察，其职能与我们刚刚成立的投服中心相

---

① 参见陈逸敏：《中小投资者保护组织的法律制度探索》，暨南大学法学院经济法系 2005 年硕士学位论文，第 12 页。

② 参见吴凤云、赵静梅：《证券市场投资者保护的韩国经验及启示》，载《改革》2005 年第 7 期。

似。鉴于我国台湾地区所处的社会经济环境以及面临的公司治理问题与大陆有诸多相似点,尤其是我国台湾地区上市公司的股权结构相当近似,都是以散户投资人为主,法人机构投资者比重偏低,同时大股东与董事、监事等结合程度很高。① 此外,我国台湾地区的法治环境相近,两者皆隶属于大陆法系传统,成文法律强制性规定较多,但提供给个体自力救济的司法措施却比较少,同时又保持着较高的司法门槛,不利于个体实现司法救济。笔者认为,基于我国投服中心建立的背景和运营机制与我国台湾地区"投保中心"的具有共通性,对我国台湾地区"投保中心"组织运营的经验进行梳理并可以适当借鉴。

(一)我国台湾地区"投保中心"组织运营方面的基本情况

我国台湾地区现行投资者保护机构是融合证券投资人保护基金与保护投资者股东权益的机制于一体的。我国台湾地区早期做法是既有用于赔偿机制的证券投资者保护基金,也存在保护投资者股东权益的SFI。但由于证券投资者保护基金和SFI之间缺乏确保彼此有效运作的配套措施,因此,二者并存的效益不太明显。2002年台湾当局颁布"证券投资人及期货交易人保护法",确立了新的证券期货投资者保护模式。在此新模式下,我国台湾地区于2003年1月设立了法定的投资者保护机构——台湾地区"投保中心"。该中心具体职能包括:(1)以股东身份参与上市公司治理,维护投资人合法权益;(2)为投资人提起团体诉讼或仲裁;(3)提供投资人咨询及申诉服务;(4)证券民事争议调解;(5)管理证券保护基金,针对证券商或期货商出现财务困难无法赔偿时,办理赔偿善意投资人的业务。可见,我国台湾地区"投保中心"是以"法律"形式将证券投资者保护基金和SFI的大部分功能融合起来。

关于我国台湾地区"投保中心"的资金来源。我国台湾地区"投保中心"作为由我国台湾地区金融监督管理委员会主管、证券期货交易所、同业公会捐资设立的财团法人,其设立时的保护基金为新台币10亿余元,由证券及期货市场相关机构捐助。另外,也有相关规定,除依前述捐助财产外,证券商、期货商、证券交易所、期货交易所及柜台买卖中心等机构应每月拨付一定比例的款项给"投保中心",作为后

① 参见陈逸敏:《中小投资者保护组织的法律制度探索》,暨南大学法学院经济法系2005年硕士学位论文,第20页。

续保护基金的来源。截至2013年,保护基金规模已达新台币69亿余元,“投保中心”利用该基金的收益运作。[①] 可见,除了从捐助中获得资金外,还有法定的资金来源。这样的资金来源无疑保证了我国台湾地区“投保中心”有足够的资金支持从事投资者权益保护。[②]

关于我国台湾地区“投保中心”的管理问题。按照“证券投资人及期货交易人保护法”的规定,我国台湾地区“投保机构”受台湾地区“证券及期货管理委员会”监管。“保护机构业务之指导、监督、财务之审核、办理变更登记相关事项,与其董事、监察人、经理人及受雇人之资格条件及其他应遵行事项之管理规则,由主管机关定之。”为保护证券投资人及期货交易人,必要时“证券及期货管理委员会”可以命令保护机构变更其章程、业务规则、决议,或提出财务或业务之报告资料,或检查其业务、财产、账簿、书类或其他有关对象。

关于我国台湾地区“投保中心”的资金运营。“投保中心”的董事会具体承担对保护基金进行管理和运用。董事会决议事项往往包括了有关基金运作章程的修改和订立,保护基金的动用,基金保管运用方式的变更,对外借款,以及基金章程或监管部门决定应由董事会决议的事项。此外,依据台湾地区“证券投资人及期货交易人保护法”第11条的要求,“投保中心”的董事按两种方式遴选:一是由台湾地区“证券及期货管理委员会”从捐助人推选的代表中遴选;二是由台湾地区“证券及期货管理委员会”从独立于捐助人的学者、专家和公正人士中指派,这部分董事人数不得少于董事总额的2/3。此外,应设置监察人1人至3人。监察人的遴选方式与董事相同。监察人得随时调查保护机构之业务及财务状况,查核簿册文件,并得请

---

① 依据“证券投资人及期货交易人保护法”的规定,所称保护基金,指依本规定捐助、捐赠及提拨,而由保护机构保管运用之资产及其收益。关于其资金来源,其第18条规定:保护机构为利业务之推动,应设置保护基金;保护基金除第7条第2项之捐助财产外,其来源如下:第一,各证券商应于每月10日前按其前月份受托买卖有价证券成交金额之0.0285‱提拨之款项。第二,各期货商应于每月10日前按其前月份受托买卖成交契约数各提拨新台币1.88元之款项。第三,证券交易所、期货交易所及柜台买卖中心应于每月10日前按其前月份经手费收入之5%提拨之款项。第四,保护基金之孳息及运用收益。第五,台湾地区境内外公司机关(构)、团体或个人捐赠之财产。前项第1款至第3款之提拨比率或金额,主管机关得视市场状况或个别证券商或期货商之财务业务状况及风险控管绩效调整之。但增加之比率或金额以50%为上限。保护基金净额超过新台币50亿元时,主管机关得命令暂时停止提拨已提拨超过10年之证券商、期货商第1项第1款及第2款之款项。保护基金不足以支应第20条第1项规定之用途时,保护机构得经主管机关核准后,向金融机构借款。未依第1项前3款规定缴纳提拨款者,保护机构得报请主管机关命其限期缴纳;届期仍未缴纳者,主管机关并得依法移送强制执行。

② 参见缪文娜:《中国大陆资本市场中“持股行权”的法律制度需求与构建》,上海交通大学法学院2015年硕士学位论文,第25页。

求董事会提出报告。监察人各得单独行使监察权,发现董事会执行职务有违反“法令”、捐助章程或业务规则之行为时,应即通知董事会停止其行为。

(二)我国台湾地区“投保中心”组织运营的做法评析

1.我国台湾地区“投保中心”的优势。与纯民间非营利股东维权组织相较,我国台湾地区“投保中心”的突出优势主要体现在三个方面。一是半官方的出资结构,方便了它的设立,使它可能具有较充沛的经费来源,可以雇用人数较多且较有专业水准的雇员,并具有持续发展的资金支持和后续保障,不像前述纯民间非营利股东维权组织,它们的资金多来源于捐助,因此收入很不稳定,也容易影响投资者权益保护活动的开展。二是其所发挥的功能与台湾当局的需求具有一致性。“投保中心”是按照监管部门预设的功能开展业务并接受监管部门的管理,所以其角色扮演与监管部门的监管职能非但不具有冲突性,反而容易得到监管部门及相关机构的支持。三是我国台湾地区“投保中心”通过立法对其运行机制进行详细规定,使其定位功能具有法定性,其组织行为有章可循,也便于社会公众对组织活动进行监督,有利于对其组织活动形成必要激励和约束。

2.我国台湾地区“投保中心”面临的问题。我国台湾地区“投保中心”的特殊组建模式,也使其面临一定的困境。其一,是独立性问题。“投保中心”并不是一个完全独立的非营利组织,而是在我国台湾地区证券监管机构的支持下成立的半官方组织。此种身份必然使该投保中心的独立性受到质疑。实践中,“投保中心”的工作也时常进退维谷,既需要顾及公权力不得滥用,又要防止不作为问题,还要审慎地平衡资金来源背后的利益分歧。其二,是激励不足问题。我国台湾地区“投保中心”的实质性权力时刻处在当局的直接控制下,机构自我激励面临很大的挑战。事实上,我国台湾地区“投保中心”形式上是财团法人性质的非营利组织,但其实际上兼有辅助达成行政目的的官方色彩浓厚的组织性质,因而监管失灵不可避免。此外,考虑到作为资金来源的市场机构的利益需求,“投保中心”也缺乏足够的激励发现追究证券违法行为。[①] 其三,是能力不足问题。截至2017年4月,我国台湾地区共有上市公司1636家,证券市场市值总额占台湾地区生产总值的146.83%,市场规模已经不小。根据我国台湾地区“投保中心”2016年年度报告,中心除董事长、总经

① 参见吕成龙:《投保机构在证券民事诉讼中的角色定位》,载《北方法学》2017年第11期。

理、副总经理外，专职员工仅有34人，其中配置法律服务处25人，管理处9人，员工中具有硕士学位者16人、大学学位者16人及其他2人。[①] 除了证券民事团体诉讼外，其还负责证券期货市场"法令"的咨询、申诉、调处纠纷、证券偿付、归入权、代表诉讼及解任诉讼、股东权益保护等。[②] 如此有限的人力资源面对越发庞大的市场，只能是捉襟见肘，难以满足市场的需求。

就我国投服中心而言，其实同样面临着上述问题。我国投服中心的5个股东分别为上海证券交易所、上海期货交易所、中国证券登记结算有限责任公司、深圳证券交易所和中国金融期货交易所股份有限公司。

但对于激励不足与能力不足的问题，我国投服中心的困境与台湾地区"投保中心"的问题并无二致。

总之，与日本、韩国等NPO相较，我国台湾地区"投保中心"的运营组织模式已经表现出了对以往投资者权益保护方式的突破与发展。我国投服中心可以在借鉴台湾地区经验的基础上，充分地发挥制度建设的后发优势，扬长避短，创新发展。

三、我国台湾地区"投保中心"持股行权的经验借鉴

（一）我国台湾地区"投保中心"持股行权的基本情况

我国台湾地区"投保中心"依台湾地区"证券投资人及期货交易人保护法"第19条第1项第2款及"证券投资人及期货交易人保护机构管理规则"第9条等规定，持有台湾地区上市（柜）公司之股票，为落实公司治理之理念以维护投资人权益，主动以少数股东身份积极实践股东行动主义，包括以下几点。

（1）针对发行公司重大议案，如私募、减资、合并、董监酬金异常、股利政策失衡、重大转投资及转投资亏损、大额背书保证或资金贷与等，因攸关股东权益，均依

① 台湾地区"投保中心"设董事会，董事长、总经理、副总经理、监察人各1名，下设法律服务处（负责咨询申诉、调解、团体诉讼或团体仲裁、督促公司治理、偿付、归入权诉讼）和管理处（负责人事、文书、财务和保护基金管理及运用）。

② 参见台湾地区"投保中心"2016年年报，载台湾地区"财团法人证券投资人及期货交易保护中心"网：https://www.sfipc.org.tw/MainWeb/Article.aspx? L=1&SNO=cETUAHMWj7bwkiS59QXNww==，最后访问日期：2018年1月26日。

个案评估,以股东身份函请公司说明或改善,并视个案状况派员出席股东会表达意见,以促使发行公司在进行重大决策时注重股东权益之维护。有研究表明,我国台湾地区"投保中心"自 2006 年开始每年参加数 10 家上市公司股东会。例如,台湾地区"投保中心"2011 年参加了 23 家上市公司股东大会,推动 22 家公司修改章程,督促某公司在并购中规范运作,督促某公司延期更换的监事、董事顺利改选,向 31 家上市公司发函询问董事、监事薪酬超过监管部门参考规范的情况,其中 29 家予以改善或做出说明。①

(2)至于出席股东会后并持续追踪的处理情形,主要是在发现上市公司有重大违反规定情事时,以股东身份依公司法等相关规定提起撤销股东会决议之诉。有资料统计表明,截至 2013 年,提起撤销股东会决议诉讼总计 7 件;其中 3 件胜诉,3 件与发行公司协商保障股东权益方案后撤回,以实际行动提醒公司对股东权益的重视。②

(二)我国台湾地区"投保中心"持股行权的经验借鉴

除上述与我国投服中心相同的质询上市公司、每年参加股东大会或发函行使投资者普通权利外,台湾地区"投保中心"持股行权的特色主要在于以下几个方面。

(1)提起代表诉讼及解任诉讼不受公司法有关代表诉讼的股东资格限制。依台湾地区"证券投资人及期货交易人保护法"第 10 条之 1 规定,③如上市柜公司的董事或监察人执行业务时有重大损害公司的行为,或有违反"法令"或章程的重大事项时,除公司董事会或监察人得主动对从事不法行为的董事或监察人提起诉讼外,如董事会或监察人经"投保中心"请求,于一定期间内仍不提起诉讼时,台湾地

① 参见缪文娜:《中国大陆资本市场中"持股行权"的法律制度需求与构建》,上海交通大学法学院 2015 年硕士学位论文,第 27 页。

② 同上书,第 28 页。

③ 台湾地区"证券投资人及期货交易人保护法"第 10 条之 1(上市或上柜公司董事或监察人执行业务有损害公司或违"法"事项之处理)规定:保护机构办理前条第 1 项业务,发现上市或上柜公司之董事或监察人执行业务,有重大损害公司之行为或违反"法令"或章程之重大事项,得依下列规定办理:(1)请求公司之监察人为公司对董事提起诉讼,或请求公司之董事会为公司对监察人提起诉讼。监察人或董事会自保护机构请求之日起 30 日内不提起诉讼时,保护机构得为公司提起诉讼,不受"公司法"第 214 条及第 227 条准用第 214 条之限制。保护机构之请求,应以书面为之。(2)诉请法院裁判解任公司之董事或监察人,不受"公司法"第 200 条及第 227 条准用第 200 条之限制。台湾地区"公司法"第 214 条(少数股东请求求对董事诉讼)规定:"继续一年以上,持有已发行股份总数 3% 以上之股东,得以书面请求监察人为公司对董事提起诉讼。监察人自有前项之请求日起,三十日内不提起诉讼时,前项之股东,得为公司提起诉讼;股东提起诉讼时,法院因被告之申请,得命起诉之股东,提供相当之担保;如因败诉,致公司受有损害,起诉之股东,对于公司负赔偿之责。"

区“投保中心”将可以直接代位公司对从事不法行为的董事或监察人提起诉讼，及诉请法院裁判解任该董事或监察人，不受“公司法”有关代表诉讼股东持股须达一定比例的限制，且纵使公司嗣后因故终止上市或上柜者，亦同，以借此督促公司管理阶层善尽忠实义务，最终达到保护证券投资人及期货交易人权益，及促进证券期货市场健全发展之目的。①

（2）提起团体诉讼及仲裁的特殊规定。按我国台湾地区“证券投资人及期货交易人保护法”第28条规定，②保护机构为保护公益，于本规定及其捐助章程所定目的范围内，对于造成多数证券投资人或期货交易人受损害之同一原因所引起之证券、期货事件，得由20人以上证券投资人或期货交易人授予诉讼或仲裁实施权后，以保护机构之名义起诉或提付仲裁，以期达到诉讼经济，减轻讼累之目的。另外，“为有效发挥团体诉讼之功能，投资人保护法亦针对团体诉讼案件明定法院得裁定保护机构免供担保声请假扣押或假处分；如提起诉讼或上诉时，对于诉讼标的金额或价额超过新台币3000万元之部分，得暂免缴裁判费，关于强制执行程序所需逾一定金额以上之执行费亦得暂免缴；且如保护机构释明在判决确定前不为执行，投资人恐受难以抵偿或难以计算之损害时，法院应依其声请宣告准予免供担保之假执行；同时，为提起诉讼或仲裁，保护机构得请求相关单位协助或提出文件、资料，以减轻证据搜集之困难；凡此规定，目的皆在于使投资人获得更周延之保障”。③

（3）针对短线交易不上缴公司等行为行使股东派生诉讼权。我国台湾地区“投保中心”成立后依主管机关函释，就台湾证券交易所及柜台买卖中心提供之每半年

① 参见台湾地区“财团法人证券投资人及期货交易人保护中心”网：http://www.sfipc.org.tw/MainWeb/Article.aspx? L=1&SNO=O9KKB22eKfWZvq0+GD2pKg==，最后访问日期：2018年1月26日。

② 台湾地区“证券投资人及期货交易人保护法”第28条（起诉或提付仲裁）规定：保护机构为保护公益，于本规定及其捐助章程所定目的范围内，对于造成多数证券投资人或期货交易人受损害之同一原因所引起之证券、期货事件，得由20人以上证券投资人或期货交易人授予仲裁或诉讼实施权后，以自己之名义，提付仲裁或起诉。证券投资人或期货交易人得于言词辩论终结前或询问终结前，撤回仲裁或诉讼实施权之授予，并通知仲裁庭或法院。保护机构依前项规定提付仲裁或起诉后，得由其他因同一原因所引起之证券或期货事件受损害之证券投资人或期货交易人授予仲裁或诉讼实施权，于第一审言词辩论终结前或询问终结前，扩张应受仲裁或判决事项之声明。前两项仲裁或诉讼实施权之授予，包含因同一原因所引起之证券或期货事件而为强制执行、假扣押、假处分、参与重整或破产程序及其他为实现权利所必要之权限。第1项及第2项仲裁或诉讼实施权之授予，应以书面为之。“仲裁法”第4条及“证券交易法”第167条之规定，于保护机构依第1项或第2项规定起诉或扩张应受判决事项之声明时，不适用之。

③ 参见台湾地区“投保中心”网：http://www.sfipc.org.tw/MainWeb/Article.aspx? L=1&SNO=fD0fF/YR5eNG2r7p+fC8aQ==，最后访问日期：2018年1月26日。

短线交易汇总数据,以上市(柜)公司股东身份发函要求公司之董事会及监察人为公司行使归入权,若逾期未行使,将视案件具体情形进行一般诉讼或督促程序,要求内部人将短线交易差价利益归还予公司。[①] 此外,台湾地区"投保中心"也通过行使质询权、建议权等方式,积极推动累积投票制、电子投票等制度的实施。[②]

归结起来,我国台湾地区明确规定了"投保中心"在拥有普通股东权利之外,针对极易损害中小投资者权利的公司高管背信及未勤勉尽责事件,台湾地区"投保中心"在对给公司造成损失的董事高管行使诉讼权时,可以不受"公司法"持股比例及时间之限制。同时,台湾地区明确对团体诉讼,只要20人以上证券投资人或期货交易人授予仲裁或诉讼实施权后,"投保中心"就可以以自己名义,提付仲裁或起诉。探究这样规定之缘由,就是真正助力中小投资者维权组织在协助投资者行使权利并给予权利救济两个方面充分实现其维护投资者权益的制度目的。

借他山之石,笔者以为,我国投服中心可以借鉴我国台湾地区"投保中心"的有益经验,在通过股东身份持股行权维护投资者权益时,一是要充分行使证券法、公司法确认的投资者相关权利,尤其是要充分行使针对不尽责公司高管提起的股东代表诉讼权;二是在投资者权利受损害时能有效便捷地代表投资者积极采取救济措施,包括向证券监管机构投诉,向人民法院提起股东直接诉讼或代表诉讼。因此,从这两个方面对投服中心股东权予以特殊配置,这也是未来立法构造公益股东权的应然思路。

---

① 参见台湾地区"投保中心"网:http://www. sfipc. org. tw/MainWeb/Article. aspx? L = 1&SNO = 14jrjzxJvMr/Bs0m5o6dhg = =,最后访问日期:2018年1月26日。

② 参见台湾地区"投保中心"网:http://www. sfipc. org. tw/,最后访问日期:2018年1月26日。

第三章　我国持股行权实践的效果考察与问题分析

一、投服中心持股行权实践的基本概况及其效果考察

（一）基本概况

2016年1月27日，投服中心《持股行权试点方案》获证监会正式批复；同年2月19日，证监会召开新闻发布会宣布开展持股行权试点，试点工作率先在上海、广东（不含深圳）和湖南正式启动；2017年4月持股行权试点工作扩大至全国。截至2017年12月28日，投服中心共持有沪深两市3439家上市公司A股股票，成为沪深交易所所有上市公司的股东，累计持股行权1920次，其中现场行权135次，包括参加上市公司的股东大会58次，现场查阅41次，参加重大资产重组媒体说明会及投资者说明会36次；非现场行权266次，其中向上市公司发送股东建议函1516件、公开发声13次；共计行使质询权185次，建议权1628次，表决权58次，查阅权41次，诉讼权8次。投服中心在持股行权方面，主要采取了以下保护投资者权益的措施，并取得了积极的效果。

1. 发送股东建议函。对于公司重大经营决策、上市公司收购方案等，投服中心以股东名义发送建议函。相关公司在收到建议函时，大都认真对待并给予回应。以建议完善公司章程为例，投服中心集中向上市公司发送股东函，一是督促其落实《国务院办公厅关于进一步加强资本市场中小投资者合法权益保护工作的意见》的规定，优化投资回报机制、健全中小投资者投票机制；二是建议其取消不当限制股东权利的条款。据不完全统计，截至2017年年底，已完成全部辖区3000多家公司章程的搜索分析，向上海、湖南、广州、山西、重庆、河北、天津、黑龙江、广西、厦门、

江西、浙江、宁夏、贵州、内蒙古等31个省、市、自治区发送了1516份股东建议函,提出3000余条建议。九成上市公司表示采纳建议,并表态将于下次股东大会修订完善公司章程。

2.参加股东大会。在上市公司召开股东大会时,投服中心委派工作人员或律师等专业人员,以股东代表的身份参加股东大会,并行使质询权、表决权,促进公司规范治理。具体来看,2016年投服中心专项参加柘中股份、恒立实业和*ST慧球的股东大会,2017年上市公司年度股东大会召开期间,投服中心集中参加了城投控股、塔牌集团、中安消、海利生物、现代投资等55家上市公司股东大会,并于会后及时向上市公司发送股东建议质询函。股东大会现场,重点针对高送转配套股东减持、现金分红、公司治理规范性等投资者关注的问题和事项向上市公司提出了建议和质询。其中,柘中股份已修改公司章程,恒立实业终止重组,天海防务等7家公司降低送转股比例、增加现金分红及取消股东配套减持,绝大部分上市公司表示,将进一步按照有关政策法规,修改完善不足之处,给股东一个满意的答复。

3.股东大会之外期间现场行权。在上市公司不召开股东大会期间,投服中心以股东身份到上市公司经营场合进行现场行权,如查阅公司财务资料等,上市公司基本予以配合。据统计,截至2017年年底,投服中心以股东身份对上海、安徽、重庆、江苏等12个辖区共计41家上市公司行使查阅权,现场查阅了公司章程、股东名册、股东大会会议记录、董事会会议决议、监事会会议决议、财务会计报告等资料。通过查阅,针对发现的上市公司董监高缺席股东大会、会议记录不完整、计票监票不合规等情况,投服中心现场提出了建议。上市公司基本都主动配合查阅,并表示会采纳建议,规范"三会"运作。

4.参加上市公司说明会。在上市公司举行发行新股、发行公司债、收购合并等说明会时,投服中心派员参加,督促上市公司认真履行信息披露义务。其中,投服中心参加重组媒体说明会,防范问题重组成效显著。截至2017年年底,投服中心参加上市公司重大资产重组媒体说明会的范围已全部涵盖上海证券交易所、深圳证券交易所,共参加了狮头股份、四通股份、宁波富邦、恒力股份、中安消、卧龙地产、通达动力、东方市场、江南嘉捷、中葡股份等34场媒体说明会,参加梅雁吉祥、*ST华菱投资者说明会。在说明会上,投服中心站在中小投资者的立场,从维护"自己"利益的角度出发,对重组不确定性、估值合理性、业绩承诺可实现性、中介机构是否勤勉尽责等方面提出问题,促使上市公司完善重组预案、强化信息披露,切实保护了广大中小投资者的合法权益。36 场说明会共涉及金额 2387 亿元、140.64 万户投资者的合法权益。目前,已有 12 家上市公司终止重组,1 家未获证监会审核通过,15 家修改重组方案。

5. 公开发声。针对市场、媒体和投资者关注的热点、焦点问题,尤其是上市公司忽视甚至侵害中小股东利益而实施不当行为时,投服中心以股东身份并代表中小投资者公开发声,利用媒体阐明立场,充分发挥舆论的影响力和约束力,抑制上市公司忽视甚至侵害中小股东利益的不正当行为。投服中心每次公开发声,中央及主流财经媒体、地方媒体、各大门户网站均做报道,反响积极,取得了较好的效果。例如,投服中心分别针对"万宝之争"、一汽轿车违反承诺、雅化集团公司章程修订、ST 慧球"1001 议案"、雅百特财务造假行为、山东金泰漠视中小投资者权利、ST 生化要约收购等公开撰文 13 次,督促上市公司强化投资者保护。其中,雅化集团取消股东大会不再对违法提案表决、格力电器终止收购、ST 慧球已选任新的董事、监事及高级管理人员、山东金泰在媒体上公开道歉,多家公司修改章程取消了反收购条款。

(二)投服中心持股行权工作的效果分析

持股行权工作开展近两年来,投服中心始终以维护投资者权益为中心,以促进证券市场有序运行为重点,以配合监管机构工作为策略,其各种持股行权措施均得到了有效实施,证券市场和社会反应强烈,达到了预期的目的。一是广大中小投资者热烈拥护,认为在其群体中有了投服中心这样的"领头人"。二是上市公司普遍欢迎,认为投服中心是理性投资者,有利于上市公司提升智力水平并改善其与投资者的关系。三是社会舆论普遍赞扬,认为这是保护投资者权益的有效途径,是证券市场运行机制的重大制度创新。四是得到了证券监管机构的充分肯定,认为其是完善证券市场监管体系的有效措施。

1. 示范作用

投服中心作为中小投资者利益团体的代表人积极参与到上市公司治理中,促进上市公司规范运作,示范引领广大中小投资者积极行权、理性维权、依法维权。投服中心每次行权活动,证券类主要媒体及主要财经门户网站都进行相关报道,广大中小投资者通过评论、跟帖等方式予以回应,每次活动网站点击量多达十几万次少则数万次,评论数千条。可以说,投服中心持股行权发挥了重大的示范效应,为广大投资者如何成为理性投资者树立了榜样,从而提升了投资者水平,促进了证券市场成熟。

2. 维权作用

投服中心以投资者身份维护自身权利,是其通过持股行权维护投资者权益的主要方式。一是充分行使证券法与公司法确认的投资者权利;二是在其权利受损害时积极采取救济措施,包括向证券监管机构投诉,向人民法院提起股东直接诉讼或代表诉讼。虽然投服中心持有一个上市公司的股份较少,但其维护行为及其维权结果,可以诱发和引领权益受损害的投资者积极维权。

3. 警示作用

投服中心现场行权、参加上市公司说明会和公开发声,都会针对市场关注的焦点问题进行提问,具有专业犀利的特征。投服中心通过呼吁广大中小投资者积极维护自己的合法权益,可以引发市场各方参与者的积极讨论和持续关注,形成强大舆论和投服中心身份的双重压力,可以促使上市公司谨慎经营、认真对待投资者权益。另外,投服中心持股时,即使作为证券市场的沉默在场者,亦能形成明显的压力效应。例如,投服中心人员参加上市公司股东大会时,即使没有行使质询权,其在场效应仍能发挥监督和约束作用,促使上市公司忠实行事、勤勉尽责。

4. 提升作用

投服中心致力于通过开展全面的投资者教育来提升投资者的维权能力。为促进投资者积极行权、理性维权,投服中心积极宣传投资者保护措施,2017年在派出机构、上市公司协会的邀请下,在吉林、山西、天津、河北、辽宁大连、浙江宁波共6个省市开展"上市公司合规治理专题培训",辖区内上市公司的董事长、董秘、财务总监、证券代表等近千人接受了培训。培训内容主要是上市公司在公司治理和投资者保护中存在的问题,如公司章程不合法、现金分红不合规、股东大会程序不规范、信息披露不准确等,并对相关问题给出了合理建议。专题培训效果良好,开展培训辖区的上市公司对投服中心的职责定位更为了解,在行权过程中也更为配合。概括而言,投服中心持股行权的提升作用表现在这样几个方面:一是提升广大投资者的行权水平和维权能力,由此构成证券市场机制的一个重要构成;二是提升投资者理性程度,由此构成证券市场成熟程度的一个重要标准;三是提升投资者的维权信心,由此构成证券市场信心的一个重要方面。

二、投服中心持股行权工作存在的问题

(一)投服中心自身法律地位不够清晰

目前的投服中心在由中国证监会主导,其他社会组织力量积极配合的模式下依法组建,其市场角色的合法性毋庸置疑。但严格来说,投服中心的法律地位仍有不够清晰之处。诸如,投服中心并不是一个完全独立的非营利组织,而是证券监管机构支持下成立的半官方组织,既有形式上的私法独立性,又有实质上的行政依赖性;投服中心采行公司形式,应当具有营利性外壳,但其又定位于不以营利为目的的市场公益组织。投服中心此种身份具有双重性,导致其持股行权工作效果判断上的双重性。一方面,在行政主导下方便其设立与运行,并使其具有较为充沛的经费来源和市场威信;另一方面,市场与社会上也必然会对投服中心持股行权的独立性、公开性和适当性产生某种程度的质疑。目前突出的问题是,投服中心通常在每一家上市公司中持有1个交易单位的股票,以使其可以作为每一公司的股东来行使共益权,但股东身份势必使投服中心在调解纠纷时产生利益冲突问题。这一问题不解决,将限制投服中心的发展,并影响其持股行权的效果。

(二)持股行权工作制度保障不充分

尽管投服中心持股行权是在现行法律框架下实施,其所采取的各种投资者权益保护措施并无违法之处,但是,持股行权作为我国资本市场的新生事物,目前仅依靠证监会批准的《扩大持股行权试点方案》以及《持股行权工作指引》作为工作依据,使得投服中心社会地位及影响力较为有限,持股行权制度保障不够充分,对于持股行权的体制机制等,仍需要有明确的法律确认和支持。(1)从宏观层面来看,投服中心持股行权作为一项创新型的投资者权益保护措施,应当明确纳入证券法规定的投资者权益保护体系;投服中心持股行权由中国证监会主导,是以私法方式实现其市场监管的公法目的,涉及行政权限的配置及行使,其权责应当有明确的法源;投服中心作为以公益目的而设立的私法主体,是否应如一般私法主体那样接受市场监管;投服中心持股行权工作,应否有目的、手段、方式、程度上的法律限制等。(2)具体制度层面来看,尽管持股行权工作开展以来,投服中心不断完善持股行权

业务制度体系,积极制定投服中心内部工作制度,目前已经颁布《行权工作规则》《持股管理办法》《持股行权实施细则》《支持行权实施细则》《参加股东大会工作指引》《发送股东函件工作指引》等9项内部工作规则和指引,且有5项工作指引在积极起草并已初步成型,但相关规则粗糙简略,对于行权范围的设置及决策,行权标准、行权程序等规则的制定还有待进一步的完善。上述问题不解决,将不利于打消对持股行权工作的市场疑虑,不利于持股行权工作目的的有效实现。

(三)投服中心能力建设需进一步加强

投服中心面对整个证券市场进行持股行权,其工作任务量极为繁重。但是,就投服中心目前的工作状况来判断,尽管其全体人员的工作目标明确、工作态度积极、工作信心充实,但受制于资源相对匮乏,其持股行权仍然处于选择性运用、典型示范阶段,进一步拓展铺开的动力源不足。诸如,持股行权是投服中心的一项重点工作,由行权事务部负责实施,但其行权事务部人手严重短缺,人员数量及结构安排不足以满足业务推进的需求。① 再如,在行权对象与措施选择方面,外部专家团队和系统内咨询机制尚未组建完成前,目前主要是依靠投服中心掌握的行权线索信息进行分析和决策,在持股行权措施实施方面缺乏系统控制。在简单行权取得一定的市场示范和惊奇效果后,持股行权业务的逐步拓展和不断深入的机制保障不足。

(四)行权后续配套机制不健全

一是投服中心在法律层面尚无明确的法律地位和法定职责,其持股行权缺乏应有的市场威信,部分行权事项在一定时间内难以开展。在具体行使建议权的过程中,绝大多数上市公司表示感谢发函提醒并积极采纳建议,但也有部分公司明确表示,投服中心作为小股东没有权利提出股东建议干预公司治理方面的问题,其不认可、不接受投服中心的建议,甚至明确指出其持股行权是在“做无用功”。针对目前还未持股的上市公司通过媒体公开质疑,有市场人士认为投服中心公开质询和建议的依据不足,也有涉事上市公司的股东认为投服中心持股行权是“多管闲事”。因此,持股行权工作的法律地位及权威性有待提高。二是在证监会的工作系统内尚无明确配套机制,无法保证投服中心持股行权的实施效果,例如,在投服中心持

① 此系我们2017年年初赴投服中心调研时获得的数据。后续情况可能有所变化。

股行权遇到不当阻碍时,证监会可否以行政手段予以排除;投服中心持股行权中采取相关措施取得的判断结果和行权效果,可否直接作为行政监管执法的依据等。在现有投资者保护体系尚未建成有机、统一、高效配合的情形下,漠视中小投资者合法权益的上市公司,持股行权缺乏有效的后续制约手段。

实践中,与证监会系统内相关单位和部门尚未形成有效合力的主要问题包括以下几点:一是证监会系统内相关单位和部门主动、及时向投服中心提供的行权线索较少;二是投服中心行权时掌握的上市公司及相关人员信息不够全面;三是在实际工作中信息共享、线索平移、行权措施保障等合作机制仍较为模糊,尚未形成具体的工作流程及操作细则。这些将对行权的及时性、准确性和权威性产生影响,因此,建立、健全投服中心与证监会系统内相关单位和部门的内部合作机制显得十分必要。

第四章　提升投服中心持股行权工作的发展建议

鉴于投服中心持股行权试点工作是投资者权益保护机制的重大创新，已产生突出成效并获得市场和社会的积极反响。无论是从持股行权的制度建构价值，还是从持股行权的市场反应和社会效果，充分肯定、持续支持和大力推广投服中心持股行权，应是必然的政策选择与制度安排。

一、证券法应明确投服中心的定位功能

投服中心的公益性维权活动尚处于起步阶段，市场各方对公益性维权组织的属性职责、功能定位等还未形成统一认识。为进一步推进我国资本市场投资者保护组织体系建设，应当借证券法修订之机，从立法上对投服中心的法律地位、职能范围等基本问题予以明确；对其持股行权的措施、方式、效力和保障条件等予以系统规定。这不仅是依法肯定和保障投服中心持股行权这一具体的投资者权益保障措施，也是依法引领和规范证券市场改革创新的重要表现，是运用法律肯定和强化证券监管体制机制顶层设计重大成果的重要表现。

在证券法规定投服中心相关条款时，应当具备的主要条款内容包括：(1)在证券投资者权益保护体系中，应当明确投服中心的建构宗旨和组织形式。(2)在规定证监会的权限及其行使方式时，应当明确规定其对投服中心持股行权的授权、支持、保障和监管。(3)在证券投资者权益保护措施中，应当明确规定持股行权的方式及效力。(4)在规定投资者行使其权利的条件时，应当考虑投服中心持股行权的情形，如行使特定权利的持股数量门槛不宜太高，以免将投服中心排除在外。

(5)在规定投资者权益保护的保障条件时,应当明确对投服中心这类组织的资源倾斜配置。

二、优化投服中心持股行权的系统功能

投服中心作为证券投资者保护组织体系中的一个子系统,在系统内部应发挥不同于其他组织的功能并具备利于其功能发挥的组织结构,这就要求投服中心的运行机制要注重与证券市场上其他组织机构的有机衔接,从而保证整体效能的发挥。

一是以投服中心为核心性组织,联系其他类型的投资者权益保护组织,建构辐射全国、涵盖市场的投资者权益保护网络。可以在各省、自治区、直辖市内各设一个地方性的投资者维权组织派出机构,由投服中心统一管理,派出机构之间横向协作,在全国范围内形成投资者维权组织的联动效应。

二是扩大持股行权范围,投服中心持股对象应当尽快扩及全国中小企业股份转让系统("新三板")所有的上市公司,甚至中国存托凭证(Chinese Depository Receipt,CDR)所涉及上市公司,由此可以扩大持股行权的覆盖面,提高持股行权的机动性和选择性,优化持股行权的监管效益和市场效应。

三是优化持股行权的系统结构,扩大持股行权在投资者权益保护体系中的系统效应。包括在监管体系上,持股行权与行政监管、社会监管、一般投资者监督的协调配合;在制度体系上,持股行权与行政监管权力、投资者权利、民事责任制度、相关诉讼制度等之间的协调配合;在实施策略上,投服中心维权与一般投资者维权的协调配合。实践中,投服中心尤其要重视跟证监会投资者保护局、跟证券业协会和投资者保护基金公司的互动配合,以形成有机的投资者保护组织体系。此外,与政府、律协等建立良好的合作伙伴关系也是维权组织开展活动最重要的经验。

三、强化投服中心持股行权的能力建设

应当对投服中心的组织形式、单位名称、内部管理、经费来源等予以进一步的充实完善,以健全投服中心的内部关系。在持股行权的目标、措施和方式上,尽快

形成透明适度、合法有效的工作机制,以提升投服中心持股行权的工作能力。

一是进一步明确机构定位。作为介于市场和政府之间的一种社团法人,投服中心必须具备法定的组织形式和制度规范,以保证其身份角色、市场地位和工作机制的稳定性和持续性。具体运行中,建立类似现代企业制度的董事会治理结构以及公开、透明的运营管理制度是投服中心加强自律、增强透明度、实现组织公益性的重要保证。但是,投服中心的治理结构还应有别于一般法人,尽管不像营利组织那样进行利益分配,但是其生存与发展也需要像企业那样地“经营”自己的组织、活动、品牌等。

二是进一步强化职能任务。从投服中心职能设定出发,积极回应投资者行权维权过程中遭遇的普遍性、突出性的问题,着重履行持股行权、提起或支持诉讼、证券纠纷调解等国务院证券监督管理机构规定的职责。既通过股东身份来促进公司治理,同时也要充分运用市场利益维护者身份。通过积极提起股东代表诉讼、参与立法活动等措施来保护公众投资者的合法权益。要以理性成熟投资者的行为示范,提高证券市场的成熟程度,维护证券市场秩序。

三是进一步完善内部制度。投服中心应当根据其设立宗旨、主要任务等,进一步完备其内部各项规章制度,据此不断完善组织内部治理结构,建立内部制衡制度,规范人事制度和财务制度,不断提升投服中心的内部管理水平。

四是进一步优化决策机制。投服中心持股行权的任务目标是面对整个市场、涵盖所有上市公司,其持股行权任务复杂繁重。在持股行权过程中,既要避免全面出击,也要避免挂一漏万。要以有限资源实现最优行权效果,必须建立科学的持股行权决策机制,优化行权目标和行权措施选择能力,强化持股行权资源的配置能力,提升行权项目的管理执行能力。

四、加大对投服中心持股行权的保障力度

作为证券市场的新生事物,投服中心持股行权尚处于起步试点阶段。但就目前情形而言,已经显现出资源配置不足的情形,影响了投服中心持股行权预设目标的实现,因此,必须加大对投服中心持股行权的保障力度,在资源配置上给予投服中心更多的倾斜。

一是在职权资源配置上更多地向投服中心倾斜，并赋予其适当的自主性，以提高投服中心持股行权的主动性、选择性和适当性。因为证券市场情势变化巨大，故因应措施必须具有针对性和时效性，投服中心持股行权时，只有在拥有较大自主权的前提下，才能应对证券市场瞬息变化的挑战。

二是在人力、物力、财力资源配置上更多地向投服中心倾斜，并辅以严格的管理配套措施。投服中心持股行权任务量巨大、工作内容复杂，急需一支与其机构目标和工作内容相适应的专业队伍。而且在持股行权过程中，与此相适应的经费支持是必不可少的。因此，应当根据投服中心的当前及今后一个时期的业务发展，制定相应的资源支持规划，使其具备与任务目标和工作内容相适应的人才队伍和资费保障。

三是在投服中心的经费来源和合作机制上，赋予投服中心更多的渠道和更大的权限。投服中心毕竟是以市场主体身份参与证券市场秩序建设，要以市场手段解决市场问题，就必须以市场资源丰富和强化市场手段。在此方面要加快理念更新和改善方案设计，使投服中心持股行权工作在制度创新保障下不断获得发展。

结 语

2017年12月7日，国际货币基金组织和世界银行公布了中国“金融部门评估规划”（Financial Sector Assessment Programme，FSAP）更新评估核心成果报告，包括《中国金融体系稳定评估报告》《中国金融部门评估报告》《关于中国遵守〈证券监管目标与原则〉详细评估报告》。中国FSAP更新评估顺利完成。报告认为：“中国证监会基于中国证券市场中小投资者众多的实际情况，采取了诸多具有独创性的措施，设立中证中小投资者服务中心有限责任公司，开展支持诉讼和持股行权工作，建立证券期货纠纷多元化解机制，强化经营机构的适当性义务并统一监管要求，投资者保护工作成效显著。”①

毋庸置疑，在我国资本市场发展进程中，投服中心的构建及其持股行权机制的建立，不仅是因应一种强烈而现实的市场运行和社会发展需求的重要措施，而且是我国证券市场迈向法治化、成熟化进程的重要标志。鉴于投服中心持股行权工作是投资者权益保护机制的重大创新，已产生突出成效并获得市场和社会乃至国际社会的积极反响，无论是从持股行权的制度建构价值，还是从持股行权的市场反应和社会效果来看，充分肯定、持续支持和大力推广投服中心持股行权，尤其要从法律建构层面明确投服中心的定位功能并给予投服中心公益股东相关权利配置的倾斜支持应是必然的政策选择与制度安排。

---

① 《国际货币基金组织、世界银行公布中国“金融部门评估规划”更新评估成果报告》，载中国证监会网：www.csrc.gov.cn，最后访问日期：2018年4月7日。

参考文献

一、著　作　类

1. 赵旭东主编:《公司法学》,高等教育出版社 2006 年版。

2. 陈洁编著:《证券法》,社科文献出版社 2006 年版。

3. 曹富国:《少数股东保护与公司治理》,社会科学文献出版社 2006 年版。

4. 张育军:《投资者保护法律制度研究》,人民法院出版社 2006 年版。

5. 前田庸:《公司法入门》,王作全译,北京大学出版社 2012 年版。

6. 赖英照:《股市游戏规则——最新证券交易法解析》,中国政法大学出版社 2006 年版。

7. 陈甦主编:《证券法专题研究》,高等教育出版社 2006 年版。

8. [美]莱斯特·萨拉蒙主编:《政府工具新治理指南》,肖娜等译,北京大学出版社 2016 年版。

二、论　文　类

1. 陶立早:《台湾投保中心之股东代表诉讼制度镜鉴》,载《西安电子科技大学学报》(社会科学版)2014 年第 4 期。

2. 王文士:《论少数股东申请许可自行召集股东会》,载《会计师季刊》2007 年第 233 期。

3. 王志诚:《股东之一般提案权、特别提案权及临时动议权》,载《月旦法学杂志》2010 年第 185 期。

4. 王志诚：《股东之股东名簿查阅权》，载《月旦法学教室》2013年第128期。

5. 王志诚：《股东之股东会召集请求权》，载《月旦法学教室》2008年第68期。

6. 王志诚：《股东之股东会自行召集权》，载《月旦法学教室》2008年第72期。

7. 王志诚：《股东召集股东会之权限及保障》，载《华冈法粹》2013年第55期。

8. 王彦明、贾翱：《论股东的临时股东大会召集请求权》，载《社会科学战线》2010年第5期。

9. 何曜琛：《少数股东召集股东临时会与董监改选——经营权争夺战》，载《台湾法学杂志》2012年第214期。

10. 姚志明：《少数股东之股东会召集权之研究》，载《中原财经法学》2013年第30期。

11. 郭锋：《少数股东权在股东大会的行使与保护》，载《证券法律评论》2001年第6期。

12. 曾宛如：《股东会与公司治理》，载《台大法学论丛》2010年第3期。

13. 李声炜：《法律制度的需求层次、博弈及路径分析》，载《河北法学》2010年第5期。

14. 罗培新：《论股东平等及对少数股股东之保护》，载《宁夏大学学报》（人文社会科学版）2000年第22期。

15. 梁上上：《股东表决权：公司所有与公司控制的连接点》，载《中国法学》2005年第2期。

16. 章武生：《论群体性纠纷的解决机制——美国集团诉讼的分析和借鉴》，载《中国法学》2007年第2期。

17. 曾宛如：《股东会与公司治理》，载《台大法学论丛》2010年第3期。

18. 朱羿锟、陈逸敏：《股东派生诉权保护：东亚经验及其信示》，载《学术交流》2004年第12期。

19. 汪青松：《股份公司股东权利多元化配置的域外借鉴与制度建构》，载《比较法研究》2015年第1期。

20. 汤欣：《私人诉讼与证券执法》，载《清华法学》2007年第3期。

21. 吴风云、赵静梅：《证券市场投资者保护的韩国经验及启示》，载《改革》2005年第7期。

22. 吕成龙:《投保机构在证券民事诉讼中的角色定位》,载《北方法学》2017 年第 11 期。

23. 董登新:《证券投资者保护的突破口》,载《中国金融》2016 年第 16 期。

24. 陈洁:《〈证券法〉应明确公益性中小投资者维权组织的功能定位》,载《中国证券报》2016 年 12 月 13 日,A12 版。

25. 陈甦、陈洁:《投服中心持股行权:理念创新与制度集成》,载《证券日报》2016 年 12 月 31 日,第 3 版。

26. 刘春彦:《持股行权应纳入〈证券法〉调整范围》,载《证券时报》2017 年 4 月 27 日,第 3 版。

27. 赵青:《持股行权全面试点》,载《法人》2017 年第 5 期。

28. 朱宝琛:《投服中心总经理徐明:将从三方面完善持股行权工作》,载《证券日报》2017 年 7 月 18 日,第 2 版。

29. 王一鸣:《投服中心近一年来累计持股行权 541 次》,载《证券时报》2017 年 7 月 24 日,第 8 版。

30. 宋一欣:《为投服中心的持股行权叫好》,载《第一财经日报》2016 年 12 月 22 日,第 11 版。

31. 皮海洲:《持股行权如何承担起保护投资者权益的重任》,载《证券时报》2016 年 2 月 25 日,第 3 版。

三、网上文献及其他类

1. 中国台湾地区“财团法人证券投资人及期货交易人保护中心”网:http://www. sfipc. org. tw/。

2. 刘彬:《台湾证券市场发展经验》,载资本市场研究网——北京期货研究院:http://www. bisf. cn/zbscyjw/yjbg/201402/f8e26a18d41b431e88857c4f44b98689. shtml。

3.《关于持股行权工作试点的研究报告》,中证中小投资者服务中心有限责任公司 2014 年。

4.《中证中小投资者服务中心有限责任公司持股行权试点工作规则(草案)》,

中证中小投资服务中心有限责任公司,2014年。

5.《台湾"投保中心"参与治理及维权业务分析报告》,中证中小投资服务中心有限责任公司,2014年。

6. Lawrence S. Liu, "A Perspective on Corporate Governance in Taiwan", 31 *Asia Bus. L. Rev.* 29, 35(2001).

7. *About Kabunushi (Shareholders) Ombudsman: Its Goals and Activities*, http://www.zephyr.dti.ne.jp/~kmorioka/about%20KO_e.html.

第二篇

中国公开征集投票权规范性研究*

ISC Research

* 本课题承接方为中国政法大学。课题负责人；张钦昱，课题组成员：刘冰、肖丹、吴燕妮、谷嘉诚、贾东明、张进秋、陈雨萌、董子衿、叶依梦、陈平巧、黄嘉华、李亚、赵智慧、周钰莹、扈芳琼、王茜、黄丽娇、李吉鹏、顾安杰、牛童、郑海黎、陈航。

前 言

投票权征集制度源于20世纪初的英美，被美国学界公认为公司控制市场的利器及以市场力量达成公司治理之目的最为有效的法律途径之一。公开征集投票权制度作为公司治理中的一件利器，发挥着重大的作用。其能有效聚集众多中小股东的意志，有利于股东大会的顺利召开且能鼓励中小股东参与公司治理，避免公司成为大股东的囊中之物，但同时，恶意竞争者可能会通过利用信息不对等优势获得中小股东的委托投票权来争夺公司经营权，在此情形下，公开征集投票权制度便沦为恶意竞争者争夺公司经营权的工具，严重妨碍了公司治理，因此，国家应对其进行一定的规制。可以说投票权征集制度就像一柄双刃剑，它既可以帮助保护公司和股东利益、优化公司治理结构，也可能使投机人士借此违背股东真实意愿、争夺公司控制权、损害公司和股东利益、危害整个市场经济秩序。在我国，虽然投票权征集制度起步较晚，且由于股权结构不尽合理、中小投资者股东权利意识淡薄等原因，投票权征集活动在我国实践中长期受到冷落。但是近年来，随着我国上市公司的股权结构多元化的发展，实质意义上的投票权征集活动越来越普遍，投票征集机制所具有的功能和价值日益彰显。

我国公开征集投票权制度存在着规定不完善、启动率和启动成功率低、征集主体类型单一、征集主体欠缺独立性以及信息披露不实等诸多缺陷，难以体现公开征集投票权维护中小股东合法权益的制度价值。上述问题直接制约了投票权征集制度作用的发挥，构建我国表决权征集制度的研究成为当下紧迫的现实课题。

完善我国的公开征集投票权制度，应当从立法层面着手，立足我国法律缺位、实践不足的现状，借鉴国外有关公开征集投票权的先进经验，明确我国公开征集投票权的主体资格，尤其是要赋予非直接利害关系人公开征集投票权主体资格，建立投服中心的公开征集投票权的规则和专项保护基金制度。同时,还要排除投票权征集制度的启动障碍,包括对征集报酬、征集费用和前置的审批程序作出明确的规定。此外,还要完善公开征集投票权中的信息披露机制,规定信息披露的内容、格式和途径。最后,还要构建通畅的受损中小股东维权救济通道,包括对于征集人虚假陈述和违约责任以及相应的监管模式作出明确规定。

本篇旨在研究如何构建我国投票权征集制度,所采取的研究方法主要是文献研究法、案例分析法和对比分析法,将理论与实践相结合,国外与国内相对比。研究思路从介绍投票权征集制度的含义及意义入手,通过剖析立法现状及我国历史上的典型案例,总结出我国投票权征集制度在立法和实践中所存在的问题。最后通过探讨背后的理论基础,并借鉴国外的立法和实践经验,提出关于完善我国投票权征集制度的立法建议。

绪　论

2017年5月29日，上海市第一中级人民法院对刘某等14名原告诉被告匹凸匹金融信息服务（上海）股份有限公司及实际控制人鲜某等证券虚假陈述纠纷案作出宣判，一审支持原告全部诉请。[①] 该案系全国首例证券支持起诉案，有利于缓和我国资本市场中小投资者[②]维权成本高于维权收益的矛盾，是可复制与可推广的成功司法经验。

“中小股东通常被理解为对发行人的事务没有实质性控制权或影响力的股东。”[③]“中小投资者是我国现阶段资本市场的主要参与群体，但处于信息弱势地位，抗风险能力和自我保护能力较弱，合法权益容易受到侵害。”[④]毫无疑问，证券支持起诉的提起与推进，有利于维护中小投资者合法权益，促进我国资本市场良性发展。只是司法救济作为权利救济的最后一道屏障，目前还存在受案范围有限、诉讼时间较长、权利救济不及时等固有弊端。健全的公司治理框架应当为中小股东“提供有效的事前预防机制（*ex ante* mechanisms）以保护其权利，并且/或者提供事后制裁机制（*ex post* sanctions）以防止控股股东滥用权利”。[⑤] 证券公益诉讼制

---

① 参见《2017年度人民法院十大民事行政案件》，载《人民法院报》2018年1月7日，第4版。

② 在股票市场，“中小股东”和“中小投资者”的概念基本是一致的。对于“中小投资者”，我国证券监督管理委员会深圳监管局3个板块《上市公司规范运作指引》第2.2.7条作出如下解释：“中小投资者是指除公司董事、监事、高级管理人员以及单独或者合计持有公司5%以上股份的股东以外的其他股东。”因此，本文所称“中小股东”和“中小投资者”含义一致。参见深圳证监局：《请问“中小投资者”与“中小股东”的定义分别是什么，是否为同一个概念？其定义出自什么规定?》，载证券监督管理委员会网：http://www.csrc.gov.cn/pub/shenzhen/xxfw/tzzSyd/zqtz/201511/t20151109_286145.htm，最后访问日期：2018年1月24日。

③ See IOSCO, *Protection of Minority Shareholders in Listed Issuers*, 6 (2009), available at http://www.iosco.org/library/pubdocs/pdf/IOSCOPD295.pdf, last visit on 2nd Feb. 2018.

④ 参见《国务院办公厅关于进一步加强资本市场中小投资者合法权益保护工作的意见》。

⑤ See OECD, *Methodology for Assessing the Implementation of the G20/OECD Principles of Corporate Governance*, 64 (OECD Publishing, 2017).

度是典型的事后补救措施,而投票权行使则是事前预防手段。要疏浚我国资本市场中小投资者维权的淤塞河道,不仅要治理下游,更要畅通上游,健全中小投资者投票机制。其中,完善公开征集投票权制度是健全上市公司中小投资者投票机制的重要着力点。

一、公开征集投票权的含义

投票权征集制度源于20世纪初的英美,被美国学界公认为公司控制市场的利器及以市场力量达成公司治理之目的最为有效的法律途径之一。公开征集投票权,英文为"proxy solicitations",中文可译为"征集投票代理权""委托书征集""委托书征求""委托书劝诱"等,系指"征集代理权的人在股东大会开会前的一定时期内主动与广大股东联系,希望他们(如果不去开会)将其股份的投票权委托给征集者行使"。投票权是股东参与公司意思形成的权利,股东应能亲自投票(in person)和代理投票(in absentia),二者应具有相同效果。公司治理框架应当确保代理人按照委托人的指示投票。代理投票最初是股东为补充个人能力或扩张意思自治而基于私人信任关系选任各自代理人的制度。但在现代上市公司中,股权呈分散化、流动化、小额化的发展,中小股东的数量增多,其投资的主要目的是通过二级市场买卖股票赚取差额收益,对于公司治理持有一种"理性的冷漠"和"搭便车"的态度。同时,出于自身力量和经济成本的考量,中小股东们往往怠于出席股东大会以行使表决权和选举权。但这同时也为一种新的制度的出现提供了"沃土"——当股东不能或不愿出席股东大会,亦未选任适当代理人行使其表决权时,公司及公司外的人(含股东)将记载必要事项的空白授权委托书交付公司股东,通过公开招揽、征集委托书的方式请求其他股东委托征集者或其指定的第三人列席股东大会并代为投票,以取得在上市公司股东大会的表决权优势。这一项重要的公司治理法律制度被称为投票权征集制度(proxy solicitation)。①

① "Proxy Solicitation"在中文中译法不一,有委托书征集、征集投票代理权、征集投票权、征集表决权等,在我国台湾地区还使用"征求"一词。笔者在文中主要使用"投票权征集"一词,有时为了更为贴切也会使用其他表述,并无严格的使用要求。

公开征集投票权机制有以下三个特点：其一，该机制发生在股份有限公司中的上市公司之中，其他股份有限公司和有限责任公司由于其人合性、封闭性等特征，不存在征集投票权问题。其二，该机制涉及三方主体，包括征集者、被征集股东以及上市公司。其三，该机制的目的是获得表决权优势，性质乃属民事行为，实质上则是修正的委托代理。

二、公开征集投票权的价值

1. 优化公司治理结构，有效保障中小股东权利

公开征集投票权有利于形成决策共识，提升决策效率减少成本进而充分发挥股东大会机能，有效保障中小股东合法权益。现代公司投票中存在“集体行动困境”（collective action problems）：[①]除极端情况外，中小股东投票极少有任何作用，“当许多人有权投票时，没有一个股东期望他的选票来决定结果”。[②] 公开征集投票权通过信息披露机制和集中表决权激励中小股东研究公司事务并明智地投票——当中小股东将投票权委托给其他股东时，可以便利股东行使投票权，积极参与公司治理；当中小股东将投票权委托给外部专业机构时，可以建立外部监督机制，避免公司被内部人控制。

2. 促进投票权竞夺，优化公司控制权和市场资源配置

公开征集投票权有利于促进公司控制权竞夺，改善公司经营绩效。公司控制权市场的基本前提是公司管理效率与公司股票市场价格存在高度正相关的关系，表决权竞夺是针对现任管理层不善而出现的，目标公司可能在竞夺之前就存在恶化倾向。挑战者（insurgents）发起公开征集投票权争夺控制权的经济动力在于争取管理者所拥有的利益补偿（incumbents’ compensation），同时希望通过经营绩效的改

① 又称“搭便车”问题，系指“除非一个集团中人数很少，或者除非存在强制或其他某些特殊手段以使个人按照他们的共同利益行事，有理性的、寻求自我利益的个人不会采取行动以实现他们共同的或集团的利益”。“搭便车”问题影响着公司的投票过程。参见[美]曼瑟尔·奥尔森：《集体行动的逻辑》，陈郁、郭宇峰、李崇新译，上海人民出版社 1995 年版，第 2 页。

② See Henry G. Manne, “Mergers and the Market for Corporate Control”, 73 *J. Pol. & Econ.*, pp. 110, 115 (1965).

善谋取效率提高的利益。[①] 表决权竞夺是股东约束公司治理的方式之一,无论其结果如何,都会使公司业绩有所提高。[②]

① See Henry G. Manne, "Mergers and the Market for Corporate Control", 73 *J. Pol. & Econ.*, pp. 110, 112 - 115 (1965).

② 在挑战者成功获得董事会席位时,公司的经营业绩将明显提高。当挑战者失败时,现任董事会和行政管理层由于可能仍然受到未来收购威胁,公司的经营业绩也应该得到改善。See David Ikenberry & Josef Lakonishok, "Corporate Governance Through the Proxy Contest: Evidence and Implications", 66 *J. Bus.*, pp. 405, 406 (1993).

第一章　我国公开征集投票权的现状及缺陷

一、我国公开征集投票权的法规及缺陷

（一）我国公开征集投票权的规范体系

我国关于公开征集投票权的规定散见于证监会发布的《关于在上市公司建立独立董事制度的指导意见》（证监发〔2001〕102号，以下简称《关于建立独立董事制度指导意见》）第5条、①《上市公司治理准则》第16条、②《上市公司股东大会网络投票工作指引（试行）》（现已失效，以下简称《上市公司网络投票指引》）第10条、③《关于加强社会公众股股东权益保护的若干规定》（以下简称《加强股东权益保护的若干规定》）、④《上市公司股东大会规则》第31条、⑤《股票发行与交易管理暂行条例》第65条⑥及《上

① 《关于建立独立董事制度指导意见》第5条第1款第6项规定，（独立董事）可以在股东大会召开前公开向股东征集投票权。

② 《上市公司治理准则》第16条规定，上市公司董事会、独立董事和符合相关条件的股东可向上市公司股东征集其在股东大会上的投票权。投票权征集应采取无偿地方式进行，并应向被征集人充分披露信息。

③ 《上市公司网络投票指引》（现已失效）第10条规定，上市公司董事会、独立董事和符合一定条件的股东可以通过股东大会网络投票系统向上市公司股东征集其在股东大会上的表决权。

④ 《加强股东权益保护的若干规定》在其第一部分试行公司重大事项社会公众股股东表决制度的第三点指出，上市公司应切实保障社会公众股股东参与股东大会的权利。股东可以亲自投票，也可以委托他人代为投票。董事会、独立董事和符合一定条件的股东可以向上市公司股东征集其在股东大会上的投票权。征集人公开征集上市公司股东投票权，应按有关实施办法办理。

⑤ 《上市公司股东大会规则》第31条第2款规定，公司董事会、独立董事和符合相关规定条件的股东可以公开征集股东投票权。征集股东投票权应当向被征集人充分披露具体投票意向等信息。禁止以有偿或者变相有偿的方式征集股东投票权。公司不得对征集投票权提出最低持股比例限制。

⑥ 《股票交易与发行暂行条例》规定，任何人在征集25人以上的同意权或者投票权时，应当遵守证监会有关信息披露和作出报告的规定。

市公司章程指引》第78条、[①]原深圳市证券管理办公室发布的《上市公司征集投票权操作指引》[②]等部门规章或规范性文件之中,没有专门的法律进行规定。

(二)我国公开征集投票权规范的缺陷

1. 立法滞后分散

我国立法对公开征集投票权制度缺乏专门、系统的规定,有关主体资格的规范散见于规范性文件中。我国法律、行政法规未规定公开征集投票权制度,有关主体资格的规范主要规定在部门规章及更低层次的规范性文件中。而且不同规定之间存在冲突,如有的限定主体资格,有的则不作限制。

我国立法对公开征集投票权主体仅有原则性规定,基本上沿用民法代理的原理,并未作出针对性规定,征集的具体操作程序如何、股东授权规则如何、征集活动监督方式如何、违法征集的救济途径如何等均付之阙如。此外,近年来上市公司对征集投票权的事实剧增,而且我国还规定了股权分置的强制性征集投票权制度,但是相应的监管措施却迟迟未出台。仅有原深圳市证券管理办公室制定的《上市公司征集投票权操作指引》,而且该规定也只有地域性效力,这表明我国立法没能跟进实践的需要。

2. 规定比较粗糙

根据前述相关规定,只有"符合一定条件"的股东,才能公开征集投票权。但除明文规定"上市公司不得对征集投票权提出最低持股比例限制"[③]以防止剥夺中小股东征集投外,我国现行立法未对其他条件作出细化规定。虽然在立法中没有对股东征集人的资格加以明确,但现实中却并非如此。在某些上市公司中,一些公司对股东征集人的最小持股比例进行了规定,将小股东排除在征集人外;还有一些公司对股东征集人的持股时间进行了规定,只有持股一定时间以上的股东才能行使征集投票权。其实,这正是由模糊的规定造成的。这些上市公司正好利用这一模

---

① 《上市公司章程指引》第78条第4款规定,公司董事会、独立董事和符合相关规定条件的股东可以公开征集股东投票权。征集股东投票权应当向被征集人充分披露具体投票意向等信息。禁止以有偿或者变相有偿的方式征集股东投票权。公司不得对征集投票权提出最低持股比例限制。

② 该指引开创性地从七个方面对投票权征集行为作出了具有可操作性的规定,即投票征集者的范围、投票权征集的方式、投票委托书的格式和内容、信息陈述和信息披露、材料报备、禁止行为、委托书的签收和保管。该文件仅为深圳证券监管办公室颁布的地方指导性文件,而非严格意义上的立法。

③ 参见《国务院办公厅关于进一步加强资本市场中小投资者合法权益保护工作的意见》《上市公司股东大会规则》。

糊的规定来限制一部分股东的权利以实现其自身的利益。

零散化的立法体系不可避免造成法律法规内容上的重复、空白与盲点。例如,多个文件规定“董事会、独立董事和符合有关条件的股东”“可以”公开征集投票权,并“禁止有偿征集”“禁止持股比例限制”,立法存在重复;除此之外,没有文件对“有关条件”作出明确规定,未对董事会、独立董事等特殊主体限制作出规定,也没有文件规定其他主体如利益相关者、中介机构是否有征集权;费用分担机制则在立法上出现空白。实践中,通常由征集人承担或先行垫付,这是导致“搭便车”①问题产生的一个重要诱因。“搭便车”产生的原因主要有两个:一是启动公开征集投票权机制所带来的抽象利好不具备排他性;二是很难有这样一个机制,让其他众多不特定股东承担公开征集投票权的费用。也正是这两个原因,致使上市公司很少公开征集投票权。对于信息披露的规定不够具体。现有对信息披露的规定为“征集股东投票权应当向被征集人充分披露具体投票意向等信息”,这还很不够具体。而相对具体的仅有《上市公司股东大会规则》中对股东出具的委托他人出席股东大会的授权委托书应当载明的内容,但这并不是对征集行为的信息披露,而仅仅是对委托书的格式要求;就法律责任而言,我国立法没有对征集投票权活动中可能产生的违法行为如何处理作出规定,证监会在监管违法征集、虚假陈述等行为时缺乏法律依据,股东缺乏救济手段。

二、我国公开征集投票权的实践及问题

(一)我国公开征集投票权的典型实践

这些年我国公开征集投票权的实践案例逐渐增多,其中包括实践历程中颇具代表性的4个“第一”案例。“公开征集投票权第一案”:②2000年3月的“胜利股份”之争是我国资本市场的第一例委托投票征集案例,“胜利股份”第一大股东胜邦公司持股17.35%,第二大股东通百惠持股16.67%,相差仅仅0.68%。为了能够在2000年3月召开的股东大会上将自己提名的董事选入新一届的董事会,通百惠与

① “搭便车”,是指积极监督公司经营,参与公司决策的股东承担监督费用,而经营改善的收益却由全体股东来分享,监督获得的好处也就成为集体物品。

② 邱永红:《从胜利股份股权之争案看我国股东委托书征集法律制度的完善》(下),载中顾法律网:http://www.9ask.cn/,最后访问日期:2018年1月27日。

胜邦公司展开了激烈的投票权征集竞争。“独立董事公开征集投票权第一案”:[①]2000年12月郑百文独立董事陆某某向公司全体股东公开征集投票权,请求委托其在公司2000年度临时股东大会上就董事会提出的公司资产、债务重组议案进行表决。“董事会公开征集投票权第一案”:[②]2002年5月15日上市公司青岛双星董事会向全体股东进行公开的投票权征集,请求广大股东参与股东大会决策,改善公司治理。“中小股东公开征集投票权第一案”:[③]2002年巨亏的济南轻骑的小股东赵某通过投票权征集得到了来自全国121名股东的授权,受托股权总额为320万股,希望于2003年7月11日召开的年度股东大会进行股东提案。

（二）我国公开征集投票权的实践问题

1. 启动比例偏低

根据征集事由是否法定,可以将公开征集投票权分为强制性征集与自发性征集。前者指根据法律法规规定必须公开征集投票权的事由,在我国包括股权分置改革议案[④]与股权激励议案。[⑤] 后者是指征集主体自愿发起公开征集投票权活动的事由,在我国指除股权分置改革议案和股权激励议案以外的其他议案。

本篇对上海证券交易所网站上2004年至2017年14年间共计415个征集投票权实例进行了梳理,整理数据如图1所示。

从图1观察,我国实践中公开征集投票权总体数量整体上呈上升趋势,且2017年较2016年上升幅度高达142%。就各征集事由分别观之,股权激励计划议案征集投票权的数量曲线与总量曲线几乎重合,股权分置改革议案征集投票权的数量曲线在2005年和2006年达到高点后突然下降,近几年几近为零,其他议案征集投票权的数量曲线则一直在横轴上徘徊。

---

① 李采:《创举!郑百文独立董事要代股东投票》,载《羊城晚报》2000年12月13日,A16版。

② 青岛双星:《董事会征集投票权报告书》,载搜狐财经:http://business.sohu.com/90/51/article200865190.shtml,最后访问日期:2018年1月27日。

③ 吴海峰:《ST轻骑重组任重道远》,载证券之星:http://stock.stockstar.com/ZH2003071401036060.shtml,最后访问日期:2018年1月27日。

④ 《上市公司股权分置改革管理办法》第10条规定:“自相关股东会议通知发布之日起10日内,公司董事会应当协助非流通股股东,通过投资者座谈会、媒体说明会、网上路演、走访机构投资者、发放征求意见函等多种方式,与A股市场流通股股东(以下简称流通股股东)进行充分沟通和协商,同时公布热线电话、传真及电子信箱,广泛征求流通股股东的意见,使改革方案的形成具有广泛的股东基础。”

⑤ 《上市公司股权激励管理办法》第40条规定:“上市公司召开股东大会审议股权激励计划时,独立董事应当就股权激励计划向所有的股东征集委托投票权。”

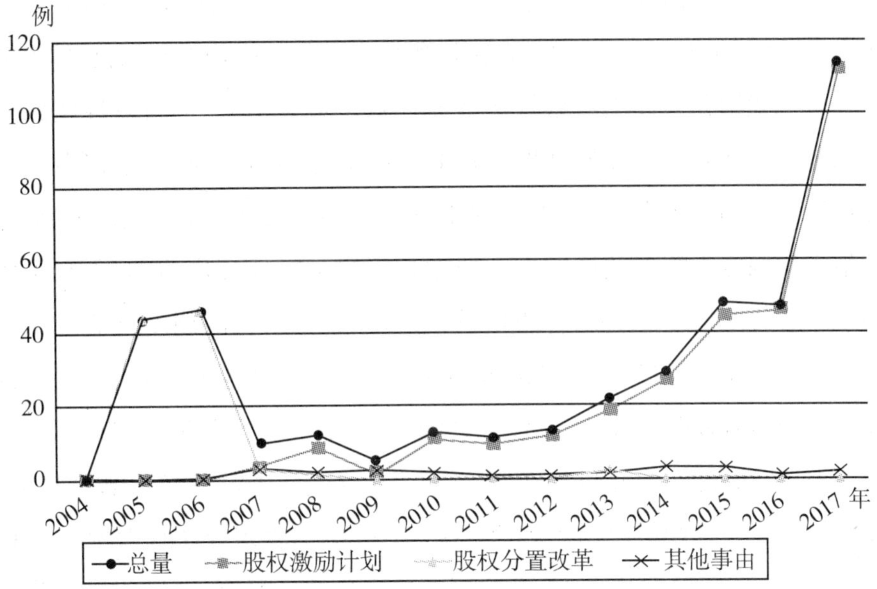

图 1　我国公开征集投票权征集事由变化趋势（2004～2017 年）

表 1　我国公开征集投票权征集事由统计表（2004～2017 年）　　单位：例

年份	数量	强制性征集行为		自发性征集行为
		股权分置改革	股权激励计划	其他事由
2004	1	0	0	1
2005	44	43	0	1
2006	46	44	0	2
2007	10	4	3	3
2008	12	1	9	2
2009	5	0	2	3
2010	13	0	11	2
2011	11	0	10	1
2012	13	0	12	1
2013	22	2	19	1
2014	29	0	26	3
2015	48	0	45	3
2016	47	0	46	1
2017	114	0	112	2
合计	415	94	295	26

从表 1 中可以看出,在 415 个案例中,仅有 26 例为自发性征集,其余均为强制性征集。在 2004 年至 2017 年间自发性征集稳定在每年平均 1.8 例,总体上并无上升趋势。可见我国公开征集投票权实践总体数量显著上升,但自发性实践过少的局面从未改变。随着股权分置改革历史任务的完成,在既有征集主体制度下,未来公开征集投票权的启动事由几乎将为股权激励计划议案所垄断。这一趋势意味着既有征集主体制度未能有效激励中小股东积极主动发动征集活动,既有主体的征集活动未能有效维护中小股东合法权益,公开征集投票权的制度价值未得到充分体现。在上市公司运行过程中,有诸多事项可能影响中小股东合法权益,不仅包括股权激励计划和股权分置改革,还包括关联交易、重大资产重组、上市公司收购、募集资金使用、利润分配、中介机构选聘、提名任免董事、决定董高薪酬等其他事项。那么。如何提高自发性征集活动频率,切实维护中小股东合法权益呢?一种解决办法是扩大强制性征集事由范围,但这一做法难免挂一漏万,更可能导致公开征集投票权制度流于形式。根本解决之道是改革现行征集主体制度,从制度上保障和鼓励征集主体启动自发性征集行为,以保护中小股东各方面的合法权益。

因为在实践中,小股东普遍只是被动的委托方,少有作为征集主体主动出击的,所以投票权征集往往容易沦为大股东争夺控制权的工具。控制股东利用公开征集投票权阻碍挑战者的典型例子是 2009 年"＊ST 兴业股权争夺事件"。

2008 年 11 月至 2009 年 5 月,厦门大洲房地产集团有限公司及其一致行动人(以下简称厦门大洲,实际控制人为陈某某)通过二级市场收购,成为上海兴业房地产股份有限公司(以下简称＊ST 兴业)第一大股东。在厦门大洲暴露收购意图后,公司实际控制人上海北孚集团有限公司(以下简称上海北孚,实际控制人为秦某某)开始反收购,在二级市场抢购公司股票。随后,厦门大洲以公司股东身份于 2009 年 3 月 10 日和 4 月 7 日,两次书面向＊ST 兴业董事会提议召开临时股东大会进行换届选举。经过厦门大洲的多次争取、监管部门的协调,＊ST 兴业董事会决定于 4 月 26 日召开临时股东大会,进行董、监事换届选举。4 月 17 日和 23 日,陈某某以自己名义、秦某某以董事会名义分别公开征集投票权。临时股东大会选举结果如下:厦门大洲提名的 4 名董事候选人顺利当选;由于厦门大洲的投票支持,4 名原董事会提名与秦某某关系不密切的候选人也顺利当选;而秦某某及与其关系密切的候选人无一当选。在新一届董事会第一次会议上,陈某某当选为董事长。在随后召开的年度股东大会上，厦门大洲提名的另一名董事候选人顺利当选。至此，厦门大洲提名的董事超过董事会成员半数，从而实际控制＊ST兴业。①

从＊ST兴业临时股东大会的实际投票结果来看，厦门大洲和上海北孚获得的股东支持非常接近，双方通过公开征集获得的投票权对选举结果产生重要影响。②在敌意收购中，原实际控制人上海北孚（秦某某）优势明显：以＊ST兴业董事会名义公开征集投票权；以有利于己的方式安排股东大会决议时间、地点（＊ST兴业原董事会将股东大会安排在周日，以规避收购方提出的提供网络表决的请求，不利于非上海本地股东投票）。挑战者厦门北孚则花费更多成本公开征集投票权。"成本的增加意味挑战者参与代理权争夺战激励因素的减少，代理权争夺战有效性的下降意味着监督和代理成本上升，股东最终成为输家。"③公开征集投票权可能成为现任控制人争夺控制权、阻击挑战者的工具，在带来稳定公司治理、防止挑战者频繁发动争夺战之余，亦可给挑战者对治理不善公司的正当挑战造成实质障碍，并最终伤害广大中小股东的权益。

① 参见程建宏：《＊ST兴业：二级市场收购案例分析》，载上海证券交易所公司管理部编：《上海证券交易所上市公司监管案例汇编》，立信会计出版社2011年版，第80～86页；陈建军：《＊ST兴业争夺再升级北孚跟进征集投票权》，载上海证券报网：http://finance.qq.com/a/20090418/000277.htm，最后访问日期：2018年1月22日。

② 以董事候选人表决结果为例：

厦门大洲提名人选			上海北孚提名人选		
董事人选	赞成比例	是否当选	董事人选	赞成比例	是否当选
秦某某	49.7976%	否	陈某某	50.8488%	是
李　某	49.8735%	否	邱某某	3.6022%	否
卢某某	95.5052%	是	洪某某	5.8601%	否
薛某某	96.0917%	是	彭某某	50.5337%	是
任　某	95.98%	是	庄　某	49.8188%	否
张某某	48.9796%	否	庄某某	3.2214%	否

资料来自《上海兴业房产股份有限公司关于二〇〇九年第一次临时股东大会决议公告》。

③ See Frank H. Easterbrook & Daniel R. Fischel, "Voting in Corporate Law", 26 *J. L. & Econ.* pp. 395, 422 (1983).

2. 成功比例偏低

通过公开征集投票权获得投票权所代表的股东人数越多、股份比例越大,公开征集投票权就越成功。小股东征集投票权失败的典型例子是2003年的“＊ST轻骑事件”。

济南轻骑摩托车股份有限公司(以下简称＊ST轻骑)大股东占用公司巨额资金现象严重,其2002年年度报告显示,公司应收轻骑和其他关联公司欠款28亿元,公司为轻骑集团及关联公司担保借款本息计5.8亿元。可公司非但未收回占用资金,反而采用了对大股东占用资金实行全额计提的会计方法,使公司净利润一次性亏损高达34亿元,创下证券市场亏损之最。对此,自然人小股东赵某对＊ST轻骑2002年年度会计报表中全额计提的会计方法持否定意见,并公开征集投票权拟提出四项临时议案规范公司治理。当时,赵某须征集到5%(约4900万股)才能符合法定临时提案最低持股比例。① 最后赵某仅征得320万股,未能提出临时议案。②

上例中小股东赵某的征集活动是失败的,其未能征集到足够投票权以提出临时议案,这源于我国法定提案最低持股比例较高的制度限制,当时只有持有“公司有表决权的股份5%以上的股东”才能在年度股东大会上提出议案,这一硬性规定使中小股东提出提案近乎不可能。此外,此次征集活动失败也与赵某的征集经费不足以支持更大的股东代表团有关。包括赵某在内,许多小股东的经济生活并不宽裕,要想自费参加股东会,对他们而言经济压力很大,③经济压力成为中小股东公开征集投票权的拦路石。“＊ST轻骑事件”也反映出中小股东力量弱小、发声微

---

① 我国股东提案权最低持股比下限变迁如下:1994年《国务院关于股份有限公司境外募集股份及上市的特别规定》第21条规定,“公司召开股东大会年会,持有公司有表决权的股份5%以上的股东有权以书面形式向公司提出新的提案,公司应当将提案中属于股东大会职责范围内的事项,列入该次会议的议程”;2000年《上市公司股东大会规范意见》第12条第1款规定,“年度股东大会,单独持有或者合并持有公司有表决权总数百分之五以上的股东或者监事会可以提出临时提案”。直到2005年《公司法》修订时,第103条第2款才将适格股东持股下限由公司有表决权的股份5%下调至公司股份的3%,即“单独或者合计持有公司3%以上股份的股东,可以在股东大会召开十日前提出临时提案并书面提交董事会;董事会应当在收到提案后二日内通知其他股东,并将该临时提案提交股东大会审议。临时提案的内容应当属于股东大会职权范围,并有明确议题和具体决议事项”。

② 参见吴海峰:《轻骑一小股东不放弃希望》,载证券之星:http://news.stockstar.com/zh 2003062301030188.shtml,最后访问日期:2018年1月27日;《小股东维权得到回应轻骑高层致电赵某表歉意》,原载上海证券报网络版:http://finance.sina.com.cn/t /20030705/1 408360822.shtml,最后访问日期:2018年1月27日;《学者新论:建议暂停新股发行、取消增发》,原载人民网:http://news.sina.com.cn/o/2003-08-10/0016536057s.shtml,最后访问日期:2018年1月27日。

③ 参见《轻骑小股东公开征集投票权》,载全景网络证券时报:http://finance.sina.com.cn/s/20030702/09563593 00.shtml,最后访问日期:2018年2月5日。

弱，在现行征集主体制度下，其依靠公开征集投票权维权之路任重道远。

另外，通过公开征集投票权，征集人实现征集初衷，是公开征集投票权成功的又一表现。在统计的415个案例中，征集人的目的都是促成征集议案通过，且415个案例中仅有3例未通过，[①]可见我国公开征集投票权所涉议案通过率极高。但415个案例显示，我国既有主体公开征集投票权所能征集到的股份较少，征集活动的实际效果值得怀疑，故仅凭征集议案通过率高，不能草率得出我国公开征集投票权成功率高的结论。中小股东几乎不委托征集人投票的典型例子是2000年的"＊ST郑百文事件"。[②]

2000年年初，中国信达资产管理公司以债转股的形式入主濒临破产的郑州百文股份有限公司（以下简称＊ST郑百文），并立即进行重组尝试。为促使议案通过，独立董事陆某某公开征集投票权，并最终在持股超过70%的中小股东中征集到4%的投票权。2000年12月31日，＊ST郑百文《关于公司资产、债务重组原则的议案》最终以90%以上同意票高票通过。

从征集结果来看，＊ST郑百文征集活动是成功的。独立董事陆某某征集投票权的议案获得90%以上同意票通过，实现了陆某某征集投票权的初衷。但从征集效果来看，＊ST郑百文征集活动又是失败的。虽然重组原则议案在股东大会上得以高票通过，但依据法律规定，重组方案须经出席会议的股东所持表决权的2/3以上通过，陆某某征集到的委托权占出席股份比例极低，即便没有该部分投票权，亦不会对议案的通过造成实质阻碍，因此，征集活动本身并未取得成功。

3. 征集主体单一

我国立法中公开征集投票权的征集主体包括"董事会、独立董事和符合一定条件的股东"，[③]但从表2观察，我国实践中公开征集投票权的征集主体主要是独立董

---

① 分别是2005年三爱富（600636）股权分置改革议案、2014年宁波联合（600051）担保额度议案和利润分配议案、2017年新潮能源（600777）股权激励计划议案和提供互保暨关联交易议案。

② 参见《＊ST郑百文通过重组方案几成定局》，载东方新闻网：http://news.eastday.com/epublish/g b/paper148/20001230/class014800017/hwz279957.htm，最后访问日期：2018年1月27日。

③ 参见《上市公司治理准则》第16条、《加强股东权益保护的若干规定》第1条第3款、《上市公司股东大会规则》第31条。

事和董事会,股东特别是中小股东几乎未发起征集活动。[①] 征集主体类型单一,直接导致征集事由单一,这一结论可以从横向与纵向两个方面得出。

表2 我国公开征集投票权征集主体梳理(2004~2017年) 单位:例

年份	董事会	独立董事	大股东	小股东
2004	0	1	0	0
2005	9	35	0	0
2006	43	3	0	0
2007	5	5	0	0
2008	1	11	0	0
2009	3	2	0	0
2010	1	12	0	0
2011	1	10	0	0
2012	0	13	0	0
2013	3	19	0	0
2014	0	29	0	0
2015	3	45	0	0
2016	0	46	1	0
2017	2	112	0	0
合计	71	343	1	0

从横向来看,特定征集主体大致对应特定的征集事由。从图2观察,发动征集活动的频率由独立董事、董事会、股东依次递减,分别为82.65%、17.11%、0.02%。而征集事由的比重由股权激励计划、股权分置改革和其他事由依次递减,分别为71.08%、22.65%、6.27%,征集主体比例和征集事由比例之间存在正相关的关联关系。独立董事多就股权激励计划议案启动征集程序,如2017年共有112例公开征集投票权事件,且112例均为独立董事就股权激励计划公开征集投票权。董事会多就股权分置改革公开征集投票权,如2006年共有46例公开征

① 统计样本中未发现中小股东公开征集投票权的案例。但我国实践中,中小股东发起过为数不多的公开征集投票权,且均以失败告终。例如,2000年广西康达(000662)小股东索芙特和天街小雨公司公开征集投票权,拟作为小股东代表进入董事会参与公司经营与决策;2003年*ST轻骑小股东赵小刚公开征集投票权拟提出4项临时议案规范公司治理;2005年科龙电器(000921,现已更名为"海信科龙")小股东严义明公开征集投票权罢免科龙电器3名独立董事和包括顾雏军在内的3名非独立董事。

集投票权事件，其中除伊利股份(600887)和G博瑞(600880)是独立董事就股权激励计划议案公开征集投票权，以及G华升(600156)是董事会就以股抵债议案公开征集投票权外，其余43例均为董事会就股权分置改革议案公开征集投票权。独立董事和董事会还可能就换股吸收合并、选任董事监事、关联交易、为内部人提供担保等公开征集投票权，二者征集事由范围存在重叠和模糊地带。统计数据中仅有1例大股东公开征集投票权事件，即2016年*ST慧球第一大股东瑞莱嘉誉就"关于否决公司董事候选人的议案、关于暂停全资子公司购买资产的议案、关于暂停新设子公司与对外增资的议案"公开征集投票权。此外，统计数据中尚无中小股东公开征集投票权的案例。

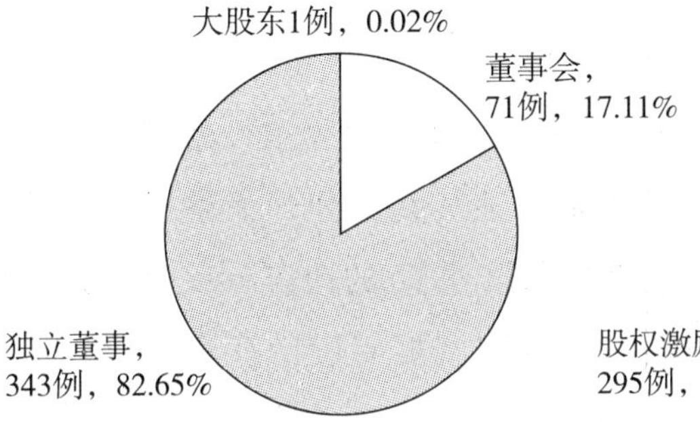

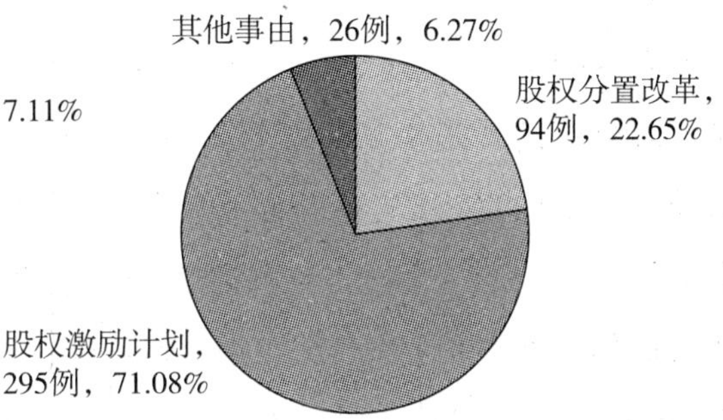

图2　我国公开征集投票权征集主体与征集事由横向对比(2004～2017年)

从纵向来看，特定征集主体的活跃度侧面反映了特定征集行为的数量。从图2观察，2004年至2017年独立董事公开征集投票权次数总体增加，就股权激励计划议案公开征集投票权的案例亦随之增多。无独有偶，董事会在2006年发起最多的公开征集投票权活动，此后征集活动便骤然减少，相应地，就股权分置改革议案公开征集投票权也是在2006年达到高峰，此后骤然减少。[①] 而股东，特别是中小股东自始至终未积极地启动公开征集投票权程序。

公开征集投票权中征集主体与征集事由的相关性趋势在提高公开征集投票权

---

① 这一趋势与股权分置改革的进程密切相关。经国务院批准，中国证监会于2005年4月30日发布《关于上市公司股权分置改革试点有关问题的通知》，股权分置改革试点工作宣布正式启动。2008年6月20日，股改权证彻底退出资本市场。截至2015年12月，所有在上海、深圳证券交易所上市的股票都完成了股权分置改革。参见《倒逼股改时间表出台市场稳定面临新考验》，载中国股权分置改革网：http://www.cs.com.cn/gqfz/zx bd/200511/t20051114_799992.htm，最后访问日期：2018年1月26日；《2005年股权分置改革十大标志性事件》，载网易财经网：http://money.163.com/06/0102/13/26FFE7VT00251LIE.html，最后访问日期：2018年1月26日。

效率之余,亦会产生二者固化搭配的弊端。固化搭配尤其表现为独立董事多就股权激励计划议案、董事会多就股权分置改革议案征集投票权上。由于"人的头脑遵循省力原则,避免重新检查每一个别情况并考虑适用于它的思想和行动模式",[①]征集主体亦会以重复的模式对公司治理形势作出反应。固化趋势将导致独立董事、董事会和大股东在实践中不愿创新征集事由,譬如,独立董事的监督范围远大于股权激励计划,[②]但在惯性作用下,其几乎未就其他事项征集投票权。该趋势亦表明,相较独立董事、董事会和大股东,中小股东更可能在私利的驱动下通过公开征集投票权维护自身权益。但在(成功)先例极少的情形下,中小股东亦会对尝试新方法维护权益怀有疑虑。

4.信息披露不够充分

内容的不完整、重大遗漏则可能属于违法事项。[③] 例如,2011年振兴生化股份有限公司的股东王某某发起了旨在推进公司上市进程的股东投票权公开征集活动。该案中发布的《振兴股份有限公司股东王某某女士公开征集投票权委托书的报告书》(以下简称《振兴股份征集投票权报告书》)的内容就反映了我国投票权征集实践中信息披露事项的不完整这一问题。《振兴股份征集投票权报告书》内容包括公司基本情况简介、股东大会基本情况、征集人姓名住址及持股情况、征集方案等。但是,《振兴股份征集投票权报告书》没有披露征集人的征集目的、征集人对议案赞成与否的态度及理由,也未披露征集人推选的4位董事候选人的基本情况(如姓名、背景、学历、与公司的关联关系、以往的业绩以及是否违反注意义务和忠实义务等情形),更未披露征集人与这4位董事候选人之间的关系。[④] 而这些未披露的信息都与投票权实质相关,都是应被强制披露的必要事项。

这份《振兴股份征集投票权报告书》舍本逐末,其所披露的内容大都是表层的信息,遗漏了所征集表决的事项如何对公司发展产生影响这些真正左右被征集人是否做出授权决定的重要事项,致使股东无法判断征集人的真实意图,难以得知征集人利益冲突的事项,甚至连自己所要支持的董事候选人的最基本信息都无从得

① [美]汉斯·摩根索:《国家间政治:权力斗争与和平》(第7版),[美]肯尼斯·汤普森、戴维·克林顿修订,徐昕、郝望、李保平译,北京大学出版社2006年版,第31~32页。

② 参见《关于建立独立董事制度指导意见》第5条、第6条。

③ 参见张新编著:《中国并购重组全析——理论实践和操作》,上海三联书店2004年版,第1115页。

④ 参见范黎红:《论上市公司委托书征集的法律规制》,厦门大学法律系2003年博士学位论文,第25页。

知。这样的投票权征集报告书大大地贬损了信息披露机制的价值,据此所征集的投票权也不能真正反映股东的表决意愿,极大损害了股东的表决权,造成投票权征集制度的滥用。

在胜利股权纠纷中,通百惠公司向股东发出的授权委托书要求"列入股东大会议程的各项审议事项和对于任何列入股东大会议程的临时提案"的投票权概括地授予通百惠公司,称"其所作的任何决定及代表的意愿均视同"授予投票权的股东的决定和意愿,使通百惠公司可以完全"根据其自身意愿进行表决"。信息披露机制的功能就在于使股东能够在获得充分披露的信息基础上按照自己的真实意愿进行投票权委托,所以,委托书中的对于委托事项的披露应该具体化,明晰化。通百惠公司这种笼统的规定使得被征集股东无法从中得知具体候列的提案会是什么,也无法得知征集人对其将是怎样的态度,使征集人容易做出违背股东真实意愿的决定。事实上,本案中出现的通百惠公司以公司股东违法为由,拒绝投票表决董事、监事人选的行为,正是其完全无视委托股东的意愿,抛弃、损害委托股东投票权的铁证。

"股东只有获得足够的资讯信息,以便做出赞成与否的判断,才有可能根据合理的判断行使实质性的表决权,减少被误导和欺诈的可能性,进而可以防止股东大会的形骸化。"①由此可知,信息的完整、真实,是被征集股东正确做出是否授权决定的前提。然而,在上海证券交易所官网②发布的 2017 年 9 月 16 日至 2018 年 1 月 18 日的 50 个公开征集投票权的案例中,披露的内容很少,而且类型化倾向明显,严重损害了被征集者的知情权。其披露内容主要有:作为征集人的独立董事的基本情况;征集方案及程序;股东大会的时间、地点等基本情况,但对提案则仅提及名称,其内容至关重要却无说明,或许是出于保密的考虑,也应当通过其他合理方式让被征集人知晓,否则不仅损害股东的知情权,也会使其表决权意思不自由,这与表决权的本质是相违背的。

除需要披露的信息不完整之外,独立董事、董事会公开征集投票权的结果也没有有效地公示。从图 3 观察,在 415 个案例中,有 33 例在决议公告中明确披露"没有股东通过征集投票权的方式委托公司董事会/独立董事投票";有 14 例在决议公告中明确披露具体受托数,且受托数与出席股份之比不足 1/3 的有 13 例;有 48 例

---

① [韩]李哲松:《韩国公司法》,吴日焕译,中国政法大学出版社 2000 年版,第 378 页。

② 上海证券交易所官网网址:http://www.sse.com.cn/home/search/? webswd = %E5%BE%81%E9%9B%86%E6%8A%95%E7%A5%A8%E6%9D%83,最后访问日期:2018 年 1 月 25 日。

股权分置改革议案披露了现场投票流通股(含委托董事会投票)比例;剩余320例则对征集情况完全未做披露。在这48例股权分置改革议案中,现场投票数(含委托董事会投票)与出席流通股总数之比不足1/3的有41例。这意味着即便现场投票者均为委托者、委托者对议案均投反对票,仍旧无法达到法定1/3的否决比例(股权分置改革通过需要获得出席会议的流通股股份2/3以上多数通过),进而无法阻止议案的通过,致使被征集中小股东的合法权益难以保全。

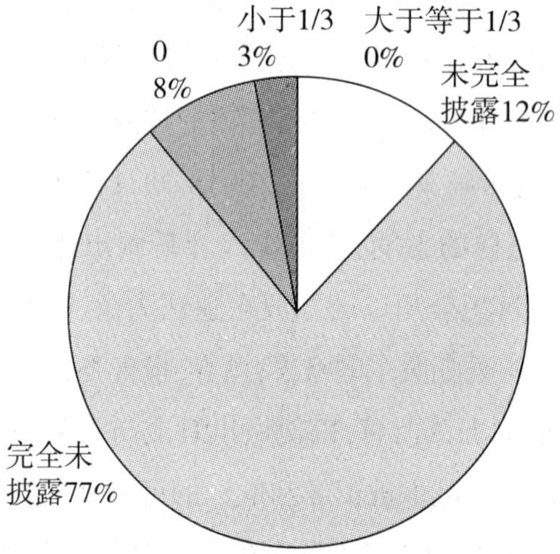

图3　公开征集投票权中征集结果披露情况分析(2004~2017年)

此外,对于上述情况的监管也存在不到位的情况。在胜利股权纠纷一案中,通百惠公司在征集投票权时未提前向证监会作出报告,违反了相关规定。通百惠违规征集之后,管理部门证监会除了要求通百惠作出报告以外,未采取其他任何监管措施。并且由于没有独立第三方主体对通百惠投票权征集中披露信息的程序上合法性以及内容上真实性和充分性进行审查监督,更使中小股东在未获取完整信息的情况下极易沦为大股东争夺控制权的工具。事实上,除了应在投票权征集前和投票权征集时进行相应的监管外,在投票权征集结束后,对于投票权征集的表决结果也应予以披露,否则就会出现该案中出现的通百惠公司以公司股东违法为由,拒绝投票表决董事、监事人选,实质抛弃、损害被征集股东的投票权的现象。监管不到位,信息披露义务就形同虚设,征集主体在征集过程中将不会重视信息披露规则,信息披露义务的履行也将流于形式。

第二章　公开征集投票权的理论基础

一、公开征集投票权规范的属性

在公司法授权范围内，公司有权利用公司章程自主安排公司内部事务。公司法的规则可以分为赋权性规则、补充性规则、强制性规则。[①] 在公司法强制性规则的规定下，排除了公司章程的自治空间。在赋权性规则或补充性规则的规定下，公司章程的自治空间较大，在不违反其他强制性规则的前提下，章程条款的效力一般都能得到肯定。加拿大《商业公司法》规定，公司管理层在送发股东会议通知的同时，应当送给有权得到会议通知的各位股东一份规定格式的投票权委托书，即对公司管理层规定强制征集义务。但在我国却并没有类似的强制性规定。在"武锅案"以前，我国公开征集投票权的立法并未规定公司"不得"或"禁止"对公开征集投票权进行详细规定。因此，公司控制人通过修改章程，对投票权征集主体作出限定的做法仍属于公司章程的自治范围。"武锅案"以后，我国出台了关于征集主体的强制性规定，但该程序的启动等内容仍属于公司自治的内容。

在自治范围内修改章程并非不受任何限制。权利的行使不仅要符合合法性原则，还应当符合正当性原则。公司章程修改需遵循下列基本原则：不违法原则、不损害股东利益原则、[②]不损害公司债权人利益原则。[③] 控制权人为垄断其控制权而剥夺中小股东权益的行为本身就损害了股东，缺乏正当性基础。尽管在法律授权

---

① 参见[美]M. V. 艾森伯格：《公司法的结构》，张开平译，载王保树主编：《商事法论集》（第3卷），法律出版社1999年版，第391页。

② 如我国台湾地区"公司法"第130条第2款规定："前项第五款发起人所得之特别利益，股东会得修改或撤销。但不得侵及发起人既得之利益。"

③ 参见范健、王建文：《公司法》，法律出版社2006年版，第215页。

的自治范围内,由于缺乏正当性基础,公司章程限制中小股东公开征集投票权的做法仍属于公司控制权的滥用。

二、公开征集投票权的性质

公开征集投票权属于代理的一种,但也有一定的特殊性。下面,将分析本制度与投票权代理及投票权信托之间的区别。

第一,公开征集投票权与投票权代理区别。从范畴上来讲,公开征集投票权是投票权代理制度的一种,是后者的特殊情况。其特殊性表现为,首先,一般的投票权代理制度中,作为股东的委托人因特殊情况不能或者不愿参加股东大会,因而主动委托有代理资格的其他人代为参会行使投票权;而在公开征集投票权中,作为股东的委托人多为中小股东,重短线交易和投机,对公司治理无甚兴趣。而管理层和主要股东为了争夺公司控制权或基于其他目的,主动向委托人征集投票权,在这里委托人则处于相对被动的地位。[①] 其次,一般的投票权代理制度作为一种民事法律行为,可有偿或无偿,而公开征集投票权中,法律则禁止有偿。即使特殊情况允许下有偿,其方向也是征集人给予委托人财物,这与一般投票权代理制度财物流转方向恰恰相反。最后,对公司自身的影响不同,一般的投票权代理不会对公司管理层造成任何显著影响,而"征集投票权往往引起公司管理层的震动",[②]如董事、高级管理人员的变动等。

第二,公开征集投票权与表决权信托的区别。表决权信托,是指"一个股东或数个股东根据协议将其持有股份的法律上权利,主要是股份的表决权,转让给一个或多个受托人,后者为实现一定的合法目的,而在协议约定或法律确定的期限内持有该股份并行使其表决权的一种信托"。[③] 公开征集投票权中,股东与公司的股权关系并未发生变化,征集人只是依据授权委托书行使表决权,且该授权一般仅具有一次性效力。此外,表决权信托具有不可撤销性。而被征集投票权的股东则可依据有关规定和程序撤销委托授权。但是,也有国家(地区)立法对二者不加区分,

---

① 参见蒋雪华:《征集代理投票权的相关问题分析》,载《天津法学》2015年第4期。

② 参见洪源:《上市公司投票权征集的法律问题分析》,载《中国审计》2003年第20期。

③ 梁上上:《论表决权信托》,载《西北政法学院学报》2005年第1期。

"公开征集投票权在许多国家被称为表决权信托"。[①]

三、规范公开征集投票权的基本原则:利益平衡原则

(一)公开征集投票权中大股东与中小股东利益的平衡

上市公司属于股份有限公司,而现代股份有限公司又属于资合性质,股份是资本的基本构成单位,每一股份是平等的,每一股份所代表的股权也是平等的。股权权平等的重要表现是表决权平等,这就要求在议案通过方面实行资本多数决原则。但是,资本多数决原则"所确定的股东形式平等极易被异化,拥有公司大比例股份的股东容易利用自己的控股股东地位,按照资本多数决原则做出有利于自己的决策,而罔顾中小股东的利益,甚至损害中小股东的利益"。[②] 这正是"法律的正义性和法律的具体规定在特殊情况下适用的非正义的矛盾的作用"。[③] "股东之间的关系既没有在公司运营中得到应有的尊重,也没有在法律中获得尊重。"[④]但股东权平等原则又要求给予中小股东新的救济方式,启动公开征集投票权便是其中一种,"分散的股东可以统一行使其表决权,这对保护自己的利益、防止大股东的专断和滥用权力、促进公司民主具有重要价值"。[⑤]

股东间利益的平衡也是股权平等原则的体现。股东平等原则是股东权利保护的一项基本原则,渗透于公司法的所有领域。"所谓股东平等原则,指在基于股东资格而发生的公司与股东之间以及股东与股东之间的法律关系中,所有股东都按其所持股份的性质、内容和数额享有平等待遇,并免受不合理的不平等待遇。"[⑥]也就是说,无论股东持股数量多少,只要是在公司与股东之间基于股东身份而发生关系的场合,就应当给予股东以平等待遇。因此,当公司承认大股东拥有征集投票权时,基于股东平等原则,小股东也应享有此项权利。股东的持股比例不应成为限制股东享有公开征集投票权的条件。为了防止控股股东滥权,损害少数股东的利益,

---

① 王俊华、苗伟:《对委托书征集制度的立法思考》,载《经济师》2002年第6期。

② 郭小川、秦立平:《上市公司股东代理权征集的利益衡量与制度设计》,载《法制与经济》2011年第7期。

③ 徐国栋:《民法基本原则解释》,中国政法大学出版社1992年版,第18页。

④ 梁上上:《股东表决权:公司所有与公司控制的连接点》,载《中国法学》2005年第3期。

⑤ 赵旭东主编:《新公司法制度设计》,法律出版社2006年版,第102页。

⑥ 刘素芝:《股东征集投票权委托书之主体资格探析》,载《商场现代化》2007年第31期。

立法上已经规定了一些限制表决权行使的制度。例如,对决议事项有特别管理的股东的表决权排除,无表决权股份、子公司持有的母公司股份无表决权等都是为了确保决议的公正性,防止控股股东不当利用控制力而做出的特别制度性安排。其理论根据则在于控股股东事实上对公司享有的控制权利和控制利益。传统公司法理论认为,股东有别于公司董事,他们不必对公司和其他股东负此项义务。然而,随着控制权的滥用,控制股东损害所属公司和少数股东权益事件的不断增加,控股股东对公司和中小股东负有诚信义务的理论已经或正在被逐步接受。

针对我国上市公司的控股股东滥用控股权现象,2002年中国证监会制定的《上市公司治理准则》第19条规定:“控股股东对上市公司及其他股东负有诚信义务。控股股东对其所控股的上市公司应严格依法行使出资人的权利,控股股东不得利用资产重组等方式损害上市公司和其他股东的合法权益,不得利用其特殊地位谋取额外的利益。”对于着重保护中小股东利益的征集投票权制度,立法层面更应加以限制。

而且要注意的是,控股股东因其对公司投资较多而享有较多的表决权及对公司的较大控制力,这是一种应然状态,也是股东平等原则的必然结果。征集投票权的限制机制对控股股东的限制,其目的并不是要对于资本多数决原则或对于控股股东对公司的控制权予以否认,而是在贯彻执行资本多数决原则、维护大股东依法享有控制权的前提下,合理地预防、限制大股东滥用其拥有的优势表决权,为公司的整体利益以及中小股东的合法权利和利益提供一些特殊的法律保护,以达到大小股东间的利益平衡。

(二)公开征集投票权中管理层与中小股东利益的平衡

首先,利益平衡原则要求启动公开征集投票权的目的不能是损害中小股东的利益。实践中,管理层或大股东启动公开征集投票权往往是出于维护自身利益的目的,即使他们没有损害中小股东利益的主观故意,其客观行为也可能导致中小股东的利益受损,由此观之,股东权平等原则对于公开征集投票权的启动给予了很好的目的限制。其次,利益平衡原则也体现在启动公开征集投票权的机会均等。质言之,不仅管理层、大股东可以作为启动公开征集投票权的主体,中小股东也有权利成为启动公开征集投票权的主体。若没有中小股东,则是对利益平衡原则的违反。在公开征集投票权启动中切实贯彻股东权平等原则,必须赋予中小股东征集人资格，并通过立法和公司章程规定为其启动征集活动提供条件和便利。

（三）公开征集投票权中股东利益与社会公共利益的平衡

社会公共利益主要是指证券市场有序性、经济安全性和社会稳定性。股东在征集投票权时，一般是面向公司所有股东进行公开征集，股东通过征集不仅能获得其他股东的投票权，而且能影响公司的管理层人选与公司的经营方案，进一步影响公司利益、股东利益、公司债权人利益、职工利益及与公司有关联的其他公司的利益等。股东征集人与被征集人的关系已不再是代理人与被代理人之间的私人关系，股东征集人的征集行为也不再只是私人间的代理行为，而是能够产生社会连带效应的与社会公众利益息息相关的行为。

对于股东利益与社会公共利益的平衡，主要体现在非直接利害关系人公开征集投票权的情况之中。允许非直接利害关系人公开征集投票权可以改变中小股东的弱势地位和被动状态，维护证券市场持续健康发展。不过，允许这种行为也可能损害公司自治，诱发道德风险。因此，在允许非直接利害关系人征集投票权的同时，也应事先设计多种制约、监督机制予以控制。

第三章　公开征集投票权的适格征集主体及授权方式

一、直接利害关系人

（一）股东的资格认定

根据我国相关规定，只有“符合一定条件”的股东才能公开征集投票权。但除明文规定“上市公司不得对征集投票权提出最低持股比例限制”①以防止剥夺中小股东征集投票权外，我国现行立法并未对其他条件作出细化规定。从平衡保护中小股东合法权益以及维护公司自治的角度出发，立法语言中的“一定条件”应做如下解释。

第一，股东应当具有表决权。对于某项议案无表决权的股东，②至少不是以“股东”的身份公开征集投票权。“股（事物之分支）东（主人）”③二字，表明股东是公司成员，是公司剩余价值的所有者，④股东天然享有征集投票权，此为其行使股东权利、表达股东意思的方式。反之，如果股东对议案不享有表决权，则其对议案就不享有表达意思的权利，自然就不能以股东身份就相关议案征集投票权。

---

① 参见国务院办公厅《关于进一步加强资本市场中小投资者合法权益保护工作的意见》、《上市公司股东大会规则》。

② 公众公司中的无表决权股始终被怀疑的目光审视，这种股票在某种程度上与永久表决信托相似，并因此始终受到来自政策方面的批评。在美国，无表决权股由公众持有的公司是不能够在纽约交易所挂牌交易的，并且还可能遭受市场和其他的不利。参见［美］罗伯特·W. 汉密尔顿：《美国公司法》（第5版），齐东祥组织翻译，法律出版社2007年版，第241页。

③ “股，事物的分支或者一部分；东，主人，古时主位在东，宾位在西，故主人称东。”参见卢元、沈蘅仲、张撝之主编：《学生古汉语词典》，上海辞书出版社1998年版，第15页、第789页。

④ See Frank H. Easterbrook & Daniel R. Fischel, “Voting in Corporate Law”, 26 *J. L. & Econ.*, p. 396 (1983).

第二，股东应当满足一定持股时间的要求。实践中，许多上市公司的《征集投票权实施细则》规定只有“连续 180 日以上持有公司股份的股东”才可征集投票权。[①] 这是因为上市公司股份流通性强，相比公开征集投票权，股东消极地“用脚投票”维权更为便利省事。持股时间客观上反映了股东对公司的信任度、满意度和期待度，持股时间越长，股东希望通过积极监督公司治理以获取长期利润的动机就越强烈。同时，在我国现行法规禁止上市公司对征集者持股比例作出限制的背景下，如果对持股时间也不作限制，可能会导致“投机股东对证券价格进行短期炒作和操作”。[②]

第三，股东不因瑕疵出资受到限制。一方面，表决权是共益权，不应因出资瑕疵被限制甚至剥夺。股东权利分为自益权和共益权，前者即资产收益权，是指涉及股东财产利益的相关权利，如利润分配请求权、剩余财产分配请求权、新股优先认购权、异议股东评估权等。后者即参与管理权，是指股东参与公司意思形成、决定公司事务的权利，如表决权、股东会或股东大会召集权、查阅权、提案权、质询权等。[③] 另一方面，最高人民法院《关于适用〈中华人民共和国公司法〉若干问题的规定(三)》中规定对瑕疵出资股东可以相应限制新股优先认购权、剩余财产分配请求权、利润分配请求权等财产性权利，[④]但并未对表决权这一管理性权利进行限制。故从现行立法的角度，也不应对瑕疵出资股东的征集资格予以限制。

投票权征集制度起源于美国，之后作为一种有效的公司治理机制被德国、日本和我国台湾地区等多个国家和地区相继借鉴。因此首先需要介绍美国和我国台湾地区的投票权征集制度。

1. 对股东的持股时间的认定标准

根据我国台湾地区在 2015 年修订的“委托书规则”第 5 条的规定，在一般情况下，无持股时间的限制。但是当股东会有选举董事或监察人员议案时，规则对不同的公司便有不同的要求。第一，对于金融控股公司、台湾地区“银行法”所规范之银行及台湾地区“保险法”所规范之保险公司，股东征集人应为截至该次股东会停止

① 如先达股份(603086)、石大胜华(603026)、青岛传媒(600229)等的《征集投票权实施细则》。

② 龙铉:《论我国股东表决权的征集制度》,延边大学民商法学系 2012 年硕士学位论文,第 24 页。

③ 参见王军:《中国公司法》(第 2 版),高等教育出版社 2017 年版,第 310 页。

④ 参见最高人民法院《关于适用〈中华人民共和国公司法〉若干问题的规定(三)》第 17 条。

过户日时继续持有股票1年以上者。第二,对于前述以外的公司,股东征集人应为截至该次股东会停止过户日时继续持有股票6个月以上者。美国对股东的持股时间则没有要求。

从以上论述可以看出,当股东会有选举董事或监察人议案时台湾地区相关规定对股东的持股时间进行了严格的限制,主要是为了避免公司外部人临时购入公司股票、利用公开征集投票权制度来扰乱公司治理。而美国对其没有规定,也就是对股东的持股时间毫无限制,主要是基于其规定了严格的信息披露制度,在投票权征集过程中股东可以充分了解相关的信息,然后才将自己的投票权委托给征集人。在此种情况下,也就无所谓持股时间的长短了。

2. 对股东的持股数额的认定标准

对于股东征集人持股数额的认定标准的分类与上述持股时间的一致。一般情况下,股东征集人应持有公司已发行股份5万股以上。当股东会有选举董事或监察人议案时,第一,对于金融控股公司、台湾地区"银行法"所规范之银行及台湾地区"保险法"所规范之保险公司,股东征集人持有该公司已发行股份80万股或已发行股份总数2股以上;第二,对于前述以外的公司,股东征集人应持有该公司已发行股份80万股以上或已发行股份总数2股以上且不低于10万股。美国对此则没有规定。

由此可见,我国台湾地区对股东征集人持股数额的规定比持股时间更严苛。其不仅在特殊情况下规定了最低持股数额,而且在一般情况下也规定了最低持股数额,其主要考量是防止中小股东滥用此权利争夺公司控制权,进而影响上市公司的正常经营活动。而美国对此毫无限制主要是基于股东平等原则。美国是一个崇尚平等自由的国家,高度重视个人的自我支配、自我控制和自我发展,因此,其认为只要是公司股东均可享有此项权利。

3. 对股东的征集数量的限制

根据我国台湾地区"委托书规则"第20条规定,除本规则另有规定外,股东征集人代理的股数不得超过公司已发行股份总数的3%。美国对股东的征集数量则没有限制。

我国台湾地区股东征集数量作出如此严格的限制与台湾地区的经济背景密切相关。我国台湾地区的上市公司多数是家族企业,股权和高管职位多控制在家族成员手中,限制征集委托书的数量,主要是为防止征集代理投票权制度成为争夺公司控制权的工具,造成公司管理层的动荡,甚至影响公司的正常经营管理。然而,美国基于公平、自由、竞争的理念,对于征集数量并未作出限制。[①]

我国台湾地区对征集人的范围和资格加以严格限制主要是基于公司经营安全的考量,在1994年12月16日出台的"委托书规则修正草案的说明"中记载了委托书规则的制定目的:为防止委托书成为公司经营权争夺之工具,造成公司经营权之变动,甚至影响上市公司之正常经营。可见,我国台湾地区为了确保表决权征集制度不会被轻易滥用并危害公司的经营,而对征集人的范围和资格进行了限制。而美国对征集人的范围完全开放且不对其进行任何限制:一是因为其认为股东将表决权交由谁行使是股东的自由,法律不应主动干涉;二是因为美国有一个相对成熟的外部控制权市场,美国人相信市场的判断力。

(二)董事会、独立董事的资质限制

"权力能够产生利益,公司控制权也一样,它是控制人随意使用公司资产的权力。"[②]董事会是公司控制机关,其作为公开征集投票权征集主体具有天然优势:其一,董事会掌握股东名册,便于寄送委托书;其二,董事会可以利用公司资源为自身宣传;其三,董事会可以利用股东惯性,或者说"理性冷漠"(apathetic),[③]获得更多股东的支持。有观点指出:"考虑到董事会的特殊地位,对其征集行为应严加限制,仅于出席股东大会的法定股份不够且为维护公司整体利益时,董事会才可征集委托书。"[④]但笔者不赞成对董事会征集主体资格进行限制。这是因为代理权征集是一种中性工具制度,董事会可以利用该工具防范恶意收购,事先限制可能堵塞该道路。且中小股东对委托与否有自由选择权,法律应当尊重其意思自治。

从公共政策而言,挑战者征集投票权能够加强董事会的责任,防止控制权腐败。董事会的天然优势之于挑战者便成为天然劣势,影响挑战者代表的市场监督

---

① 参见蒋雪华:《征集代理投票权的相关问题分析》,载《法学研究》2015年第4期。

② 朱锦清:《公司法学》(下),清华大学出版社2017年版,第311页。

③ 《现代公司与私有财产权》一书的主要观点是,经理利用股东的理性冷漠(apathetic),使用投票机制来攫取公司的控制权。"委托投票机制已经成为一个将股东权力从股东手上剥离的主要机制,而非让股东行使其在公司经营方面的权力。"See Adolf A. Berle & Gardiner C. Means, *The Modern Corporation and Private Property*, 129 (Transaction Publishing, 1991).

④ 周春梅:《论投票委托书征集之主体资格——兼论董事会征集委托书之弊端及限制》,载《法律适用》(月刊)2002年第5期。

的效力。具体而言,董事会作为征集主体存在如下弊端,导致其难以实现公开征集投票权维护中小股东合法权益的制度价值。其一,可能加剧内部人控制,公开征集投票权成为董事会保位工具。“即使是在最好的时候,股东都是理性冷漠的,因为他们的参与几乎不可能实质性地改变投票结果,而管理层对于投票权的控制才是决定性的。”①董事会和控制股东支配着选举过程,他们的提名的董事通常都顺利当选,他们提名的监事也能获得支持。反观之,中小股东提出的议案通常被否决,挑战者委托投票权争夺战成功率较低。其二,可能损害中小股东利益。董事会决策只从大股东利益出发,股东大会沦为董事会操纵表决权的机器。尤其是在我国上市公司“股权过度集中、国有股比例过大,缺乏多元化的持股主体、关联股东占较大比重”②的背景下,董事会中控制股东“一言堂”的现象更为严峻。

独立董事是指“不在公司担任除董事外的其他职务,并于其所受聘的上市公司及其主要股东不存在可能妨碍其进行独立判断的关系的董事”。③ 独立董事“必须具有独立性”,④即“没有偏袒管理层的必要或倾向,能够在董事会内外、在管理层有错误行为时当面指出,以保护股东利益”。⑤ 独立性是独立董事制度的灵魂,它使独立董事作为公开征集投票权主体时,能够以监督公司治理、维护中小股东权益为征集目的。根据我国现行规定,独立董事应当就提名、任免董事、解任或解聘高级管理人员、公司董事与高级管理人员的薪酬、关联交易以及可能损害中小股东权益的事项发表独立意见。⑥ 对于这些事项,独立董事有权启动公开征集投票权程序。

我国上市公司引入独立董事制度,旨在加强对中小股东的保护力度,优化上市公司治理。不过我国现阶段独立董事履职状况不尽如人意,突出表现为三大问题,

---

① See Frank H. Easterbrook & Daniel R. Fischel, “Voting in Corporate Law”, 26 *J. L. & Econ.*, p. 395 (1983).

② 中国社科院经济政策与模拟重点研究室编:《经济政策与模拟研究报告》(第1辑),经济管理出版社2012年版,第162页。另有研究指出,“股权分置改革前,我国第一大股东平均持股50%以上,2006年股权分置改革后,这一现象有所缓解,但第一大股东或第一大股东集团控制公司的性质并没有改变,股权分置改革后占比例较小的非流通股的减持比例较大。……股权分置改革前,国有股持股数占总股本一半以上,股权分置改革后,尽管国有股有所减持,但还占有相当的比重”。参见蔡玉程、林佳云:《中国上市公司有效股权结构研究》,载《学习与探索》2014年第4期。

③ 参见《关于建立独立董事制度指导意见》第1条第1款。

④ 参见《关于建立独立董事制度指导意见》第3条。

⑤ 赵立新、汤欣、邓舸:《走出困境:独立董事的角色定位、职责与责任》,法律出版社2010年版,第20页。

⑥ 参见《保险公司独立董事管理暂行办法》第21条、《股份制商业银行独立董事和外部监事制度指引》第21条及《关于建立独立董事制度指导意见》第6条。

阻遏了其应有的维护中小股东权益功能的发挥。

第一,独立董事不够独立,这集中表现为独立董事选聘制度不独立。我国立法中关于独立董事提名的规定较为粗糙,[①]导致实践中控制股东往往垄断独立董事选任。[②] 由于"在实践中股东经常简单地批准一个被推荐的候选人的名单",[③]独立董事提名权如果被控制股东垄断,资本多数决规则就能确保控制股东提名人选顺利当选。"累积投票制(cumulative voting)可能是一个解决方案,但是由于独立董事席位较少,中小股东提名候选人也为少数,其意见很容易作为少数派被否决。"[④]一旦丧失独立性,独立董事就难以在公开征集投票权中有效发挥监督作用。

第二,独立董事不够专业,沦为"花瓶董事"和"橡皮图章"。实践中,独立董事违规违纪现象层出不穷,且其申辩理由暴露出其对独立董事职责规定不甚了了。例如,有的独立董事以自身已履行相关职责或已勤勉履行义务等笼统事由申辩,却无法提供任何事实依据和相关证据,更无采取事后补救措施以落实监管要求、规范运作并按规定履行信息披露义务的事实予以佐证;[⑤]有的独立董事多次违规买卖上市公司股票,却声称系他人在未告知自己的情况下代为买卖,[⑥]或者秘书不了解相关规定代为买卖;[⑦]有的独立董事对上市公司违规对外提供担保,以不了解相关法规为由主张免责;[⑧]有的独立董事不仅未勤勉尽责,未督促公司落实监管要求、规范运作并按规定履行信息披露义务,还参与了公司相关违规行为,并以不知情、初犯、辞职受阻等申辩理由主张免责[⑨]等。连对自己的履职行为规则了解都不充分,如何期待独立董事能够通过公开征集投票权监督公司治理?

第三,独立董事不够敬业,这主要表现为独立董事兼职现象严重、股东大会出

---

① 《关于建立独立董事制度指导意见》第4条第1款规定,"上市公司董事会、监事会、单独或者合并持有上市公司已发行股份1%以上的股东可以提出独立董事候选人,并经股东大会选举决定"。

② 例如,2014年启源装备(300140)独立董事提名争议中,由于第一大股东向董事会提交独立董事候选人临时提案,导致中小股东认可的另一名独立董事候选人落选。这一选举结果及由大股东提名的独立董事的独立性遭到众多中小股东的质疑。参见李东亮:《保荐人律师事务所劝阻无效启源装备董事会换届一地鸡毛》,载《证券时报》2014年1月30日,A07版。

③ [加]布莱恩·R.柴芬斯:《公司法:理论、结构和运作》,林华伟等译,法律出版社2001版,第656页。

④ See Donald C. Clarke,"Three Concepts of the Independent Director",32 *Del. J. Corp. L.* 73,80 (2007).

⑤ 如2017年*ST天成信息披露违规事件。

⑥ 如2017年基蛋生物独董违规买卖公司股票事件;2017年驰宏锌锗独董违规买卖公司股票事件。

⑦ 如2014年广东明珠独董违规买卖公司股票事件。

⑧ 如2007年太阳纸业违规对外担保事件。

⑨ 如2017年*ST慧球信息披露违规事件。

席率低。目前,国内独立董事多为兼职。据统计,截至2011年12月31日,沪市兼职独立董事占28.85%,其中担任五家上市公司独立董事的有51人,占总数的1.66%。[①]独立董事出席上市公司股东大会的情况不尽如人意:在已召开2011年年度股东大会的公司中,有63家上市公司的独立董事全部缺席。[②] 而且从整体上来看,独立董事对董事会议案的异议率较低:2011年年度共有26家公司的38位独立董事对相关事项提出异议,分别占沪市上市公司总数的2.77%,以及独立董事总人数的1.23%。[③] 故在公开征集投票权中,独立董事能否认真充分履职值得关注。

二、非直接利害关系人

非直接利害关系人,是指为维护中小股东合法权益而公开征集投票权的除上市公司董事会、独立董事和公司股东之外的非营利组织。[④] 对非直接利害关系人的概念剖析如下。

其一,非直接利害关系人公开征集投票权的目的是维护中小股东合法权益。公益性是非直接利害关系人的基本属性,也是赋予其征集主体资格的理论基础。公益性亦可从目的上防止无利害关系之人滥用征集权,恶意骚扰公司,最终损害公司广大中小股东权益。

其二,非直接利害关系人是除上市公司董事会、独立董事和公司股东之外的非营利组织。董事会和公司股东与股东大会决议事项有直接利害关系,独立董事对股东大会决议事项有法定监督职责,故董事会、独立董事和公司股东均不属于"非直接利害关系人"。

其三,非直接利害关系人是依法行使征集权的非营利组织。我国民事公益诉

---

① 参见上海证券交易所资本市场研究所年报专题小组:《沪市上市公司2011年度董事、监事和高级管理人员履职情况分析》,载上海证券交易所网站:http://www.sse.com.cn/aboutus/research/research/c/r esearch20120810f.pdf,最后访问日期:2018年2月2日。

② 同上。

③ 同上。

④ 在民事诉讼理论中,"直接利害关系人"是指本案争议的民事法律关系或者民事权利的双方主体。非直接利害关系人包括:(1)对他人的民事法律关系或者民事权利具有管理权的人;(2)在确认之诉中,对诉讼标的有确认利益的人;(3)公益诉讼的原告。参见张卫平主编:《最高人民法院民事诉讼法司法解释要点解读》,中国法制出版社2015年版,第28页。在公开征集投票权中,现有征集主体不足以有效维护中小股东合法权益,故借鉴民事公益诉讼原告理论,引入"非直接利害关系人"作为征集主体。因此,本文对非直接利害关系人作出此种界定。

讼的原告资格由法律明文规定,[①]同理,为实现维护证券市场稳定和中小股东合法权益这一公益目的而公开征集投票权的非直接利害关系人的主体资格也应由法律明文规定。

其四,非利害关系人是不以营利为目的、自愿开展公开征集投票权活动的非政府社会组织。非营利组织具有组织性、自愿性、民间性、非营利性和自治性等五个特点。[②] 这一定义排除了政府部门、营利性组织和公民个人,因为公开征集投票权本质上是私法活动,系上市公司股东表决权的行使方式,代表公权力的政府部门不宜介入公司治理;公益性目的与营利性组织营利追求存在根本矛盾,营利性组织难以抛却私心致力于公益事业;公民个人或无足够经验和充足财力,或难以降低征集成本,或可能损害公司自治,难以担当公益性征集投票权之重任。

非直接利害关系人的公益性和非营利性与德国团体诉讼中的"团体"以及美国集团诉讼中的"代表人"如出一辙。事实上,"团体"和"代表人"均与案件无直接利害关系,属于各自制度中的"非直接利害关系人"。研究"团体"模式"代表人"模式,对界定我国公开征集投票权"非直接利害关系人"内涵具有重要参考价值,但不能照搬照抄,需要结合我国法律与实践理性思考借鉴。

德国团体诉讼(Verbandsklage),是指"有权利能力之公益团体依据法律规定就他人违反特定禁止或无效之行为,得向法院请求命令他人中止或撤回其行为之民事诉讼"。[③] 团体诉讼中的"团体"的基本特征有以下两点。

其一,团体的主体资格受到限制。"德国的团体诉讼虽然位于集团诉讼的延长线上,但并不把当事者适格赋予个人,而是将此限定在一定的社团上,因此是一种显得比较稳健的制度。"[④]在民事领域,德国团体诉讼主要适用于反不正当竞争和消

---

① 我国《民事诉讼法》第55条规定:"对污染环境、侵害众多消费者合法权益等损害社会公共利益的行为,法律规定的机关和有关组织可以向人民法院提起诉讼。人民检察院在履行职责中发现破坏生态环境和资源保护、食品药品安全领域侵害众多消费者合法权益等损害社会公共利益的行为,在没有前款规定的机关和组织或者前款规定的机关和组织不提起诉讼的情况下,可以向人民法院提起诉讼。前款规定的机关或者组织提起诉讼的,人民检察院可以支持起诉。"

② See Lester M. Salamon, "The Rise of the Nonprofit Sector", 73 *Foreign Aff.*, p. 109 (1994).

③ 陈荣宗:《诉讼当事人与民事程序法》,台北,三民书局股份有限公司1987年版,第71页。

④ [日]谷口安平:《程序的正义与诉讼》(增补本),王亚新、刘荣军译,中国政法大学出版社2002年版,第262页。

费者权益保护,[①]根据相关法条,[②]德国拥有诉权的团体,必须是符合法定要件的有一定组织形式、章程的社会团体,其宗旨应该是为了维护团体成员的权益,而不能是为了诉讼临时组成。[③]

其二,团体发挥作用的领域受到限制。团体诉讼不是由民事诉讼法确立的一般性诉讼制度,而是通过特定实体法建立的专门性诉讼制度。在自由主义的法律传统中,团体诉讼"即便因为现实需要而被勉强认可,也总要同时伴随重重忧虑和戒备",[④]团体诉讼每一次扩大适用,都会引起立法观点对峙:支持者看到团体诉讼能救济现代小额分散性权益侵害,而反对者则看到了其与自由的紧张关系,担心其被滥用。

目前我国对德国团体诉讼的借鉴集中体现为公益诉讼制度,不过短时间内公益诉讼团体职权或业务范围不会扩张,故借鉴德国"团体"模式构建非直接利害关系人征集投票权制度存在困境。2017年我国修订民事诉讼法和行政诉讼法,对公益诉讼适用范围采取"概括+列举方式"规定,即适用于"生态环境和资源保护、食品药品安全"[⑤]"生态环境和资源保护、食品药品安全、国有财产保护、国有土地使用权出让等"[⑥]损害社会公共利益领域。理论上,"等"字为法定社会团体和国家机关行使公开征集投票权留下解释空间,但我国公益诉讼发展曲折,[⑦]法定社团和机关

---

① 在德国法上,1986年《反不正当竞争法》(UWG)最先规定了团体诉讼。1976年《一般交易条件法》(ACBG)发展了团体诉讼。2001年《一般交易条件法》废除,其程序性规定由《违反消费者保护法及其他法律的不作为之诉法》(UKLaG)取代。此外,在《返现纸竞争法》(GWB)、《商标法》(MarkenG)等法律中也有关于团体诉讼的规定。但这些规定多是对《一般交易条件法》和《违反消费者保护法及其他法律的不作为之诉法》的援引。参见吴泽勇:《德国团体诉讼的历史考察》,载《中外法学》2009年第4期。

② 参见德国《违反消费者保护法及其他法律的不作为之诉法》第3条、第3a条、第4条及《反不正当竞争法》第8条。参见刘学在:《民事公益诉讼制度研究——以团体诉讼制度的构建为中心》,中国法制出版社2015年版,第414~417页;《德国新〈反不正当竞争法〉》,邵建东译,载南京大学中德法学研究所编:《中德法学论坛》(第4辑),南京大学出版社2006年版,第253~254页。

③ 参见范愉主编:《集团诉讼问题研究》,北京大学出版社2005年版,第231页。

④ 吴泽勇:《德国团体诉讼的历史考察》,载《中外法学》2009年第4期。

⑤ 参见《民事诉讼法》第55条。

⑥ 参见《行政诉讼法》第25条第4款。

⑦ 消费公益诉讼发展曲折:2014年浙江消费者权益保护委员会针对"铁路实名制购票丢票后强制补票"提起公益诉讼但以和解撤诉告终;2015年上海消费者权益保护委员会针对"手机预装软件无法卸载且不告知消费者"提起公益诉讼并取得实质性胜利;2016年中国消费者协会首次提起消费公益诉讼;2016年吉林消费者权益保护委员会提起公益诉讼首次获得检方支持并首次获得胜诉判决;2016年江苏消费者权益保护委员会针对消费领域公共服务类企业提起公益诉讼并取得实质性胜利;2017年广东消费者权益保护委员会提起首例消费公益赔偿诉讼;2017年年底江苏消费者权益保护委员会针对"百度违法获取用户信息权限及相关信息"提起公益诉讼。环境公益诉讼发展曲折,如腾格里沙漠系列公益诉讼案一波三折,经过2年的诉讼过程,终于在2017年一审调解结案。随着人民检察院提起公益诉讼实践的推进及2017年民事诉讼法和行政诉讼法的修订,我国公益诉讼发展逐渐步入良轨,然距离腾飞仍待时日。

提起公益诉讼的实践尚处于起步阶段，短时间内难以分散精力扩大业务范围或职权范围到公开征集投票权等其他领域。

美国集团诉讼(class action)，是指"若干代表一个其成员具有相同法律利益的更大利益所提起的诉讼"。[①] 美国集团诉讼的法律依据是美国《联邦民诉规则》第23条以及各州的类似规则。[②]

美国集团诉讼的发起人称为集团代表人(class representative)。根据美国《联邦民诉规则》第23条(a)款，[③]美国集团诉讼对"代表人"资格没有特殊条件限制，只要满足"公正且充分地维护集团利益"(fairly and adequately protect the interests of the class)这一条件，任何人均可作为代表人提起集团诉讼。根据美国《联邦民诉规则》第23条(c)款第(1)项，[④]"即使原告证明其符合集团诉讼的要求，法院也保留拒绝继续集团诉讼的裁量权"，[⑤]代表人的适格性是由法院进行个案判断而非立法统一抽象规定。

目前我国尚未借鉴美国集团诉讼模式，盖因美国"代表人"模式与我国国情不符，故借鉴美国"代表人"模式构建非直接利害关系人征集投票权制度存在困境。集团诉讼具有"鲜明的鼓励诉讼倾向、损害诉讼程序公平和实质正义、违背传统民事诉讼法理、社会整体负效益过高、刺激律师职业自我利益膨胀等无法克服的问题"，[⑥]因此始终受到欧洲大陆各国的高度警惕。在美国，集团代表人主要由私人律师担任，私人律师的目的主要是获得胜诉酬金，是帮助受损害的集团成员并预防违

---

① [美]彼得·G.伦斯特罗姆:《美国法律词典》，贺卫方等译，中国政法大学出版社1998年版，第232页。

② 《2005年集团诉讼公平法》(Class Action Fairness Act of 2005)第1711条第(2)款规定，"集团诉讼是根据《联邦民诉规则》第23条的规定，由美国联邦地区法院受理的任何民事诉讼，或者依据州的程序法律法规授权的由一名或多名代表人提起的移送到美国联邦地区法院的任何民事诉讼"。

③ 美国《联邦民诉规则》第23条(a)款规定，"在下列情况下，集团中的一个或数个成员可以代表集团全体成员作为当事人起诉或应诉:(1)集团人数众多，诉的合并不具有可行性;(2)该集团有共同的法律或实施问题;(3)代表人的请求或抗辩是该集团的典型请求或抗辩;(4)代表人能公正且充分地维护集团利益"。该条也被概括为"众多性(numerosity)、共同性(commonality)、典型性(typicality)和充分性(adequacy)规则"。See Marcy Hogan Greer, *A Practitioner's Guide to Class Actions*, 57-59 (Chicago: American Bar Association 2010).

④ 美国《联邦民诉规则》第23条(c)款第1项规定，法院以命令决定是否继续进行集团诉讼(Certification Order):"(A)代表人提起集团诉讼或应诉后，法院应尽快以命令决定其是否继续进行集团诉讼。(B)界定集团和指定集团律师。决定继续集团诉讼的命令应当界定集团和集团诉求、争议或者被告，并且应当根据第23条第(g)款制定律师。(C)在作出终局判决前，法院可以改变或修正继续或终止集团诉讼的命令。"

⑤ See Mary Kay Kane, "Group Actions in Civil Procedure: The United States Experience", 38 *Am. J. Comp. L. Supp.*, 163, 166 (1990).

⑥ 范愉主编:《集团诉讼问题研究》，北京大学出版社2005年版，第439页。

法行为的发生。律师职业自我利益膨胀导致美国集体诉讼一直存在滥用的情形,"损害了有合法请求的集体成员和应对其行为负责的被告,对州际贸易带来了不利影响,并且损害了公众对国家司法体制权威的尊重……集团成员在集团诉讼中所获甚少或一无所获,有时甚至遭受损失",①因此,美国国会制定了《2005 年集团诉讼公平法》(Class Action Fairness Act of 2005)以抑制该制度的滥用。我国现代诉讼文化尚未形成,律师制度尚不健全,且不存在英美法系的判例法文化背景,若放开公开征集投票权主体,可能后患无穷。

(一)非直接利害关系人作为征集主体的理由

近年来,随着科技进步与大型经济体的发展,消费者损害、环境侵权、证券欺诈等案件陆续发生,因被害人众多,待证事实多且复杂,给法庭审理造成了重大负担;而单独个体损害轻微,居于弱势的当事人也面临诸如诉讼费用负担等困难。② 在证券欺诈等损害中小股东合法权益场合,单凭个人自身通常无力有效保护自己免遭此种侵害——"即便他拥有一项法律上的诉因,其他因素也可能妨碍司法救济:其个人权利可能太分散或太小,以致不能敦促其寻求保护;过高成本可能阻碍其向法院提起诉讼;他可能惧怕强大的侵害者;他可能甚至根本意识不到自己的权利。"③因此,有必要突破传统的当事人适格理论将起诉权授予狭义的被侵害主体本人的做法,将起诉权赋予非直接利害关系人,以保护处于弱势地位的受害人的权益。

此外,由于股权结构不合理、中小投资者股东权利意识淡薄等原因,投票权征集活动在我国实践中长时间受到冷落,这就更需要非直接利害关系人承担起投票权征集的任务,真正落实该制度。

非直接利害关系人中最为典型的就是以中证中小投资者服务中心(以下简称投服中心)为代表的公益性组织。投服中心作为征集人具有以下几个优势。

第一,其具有专业性。实践中,中小股东的大多数是公众投资者,囿于其知识、经验、精力、资金和信息等诸方面的原因,中小股东不能对相关重大事项做出合理的判断。投服中心作为中小投资者的代理人无疑可以有效解决这一问题,帮助中小股东做出合理的判断以最大限度地保护自身利益。

---

① 参见《2005 年集团诉讼公平法》第 2 节第(a)条。

② 参见陈荣宗:《美国群众诉讼与西德团体诉讼》(上),载《法学丛刊》1985 年第 118 期。

③ 徐卉:《通向社会正义之路:公益诉讼理论研究》,法律出版社 2009 年版,第 84 页。

第二，其可以有效降低征集成本。表决权征集的相关费用应由谁来承担，在中国没有明确的规定。美国法也没有明文规定。如果是根据规则14a-8，股东请求将其提出的适当提案列入管理层邮寄给股东的表决权征集材料中，则由此产生的费用由公司承担，提案股东无须为此提案权行使自己承担费用。当委托书竞争发生时，根据规则14a-7，一般应由作为委托书竞争者的反对股东自己来负担，一旦成功，可以要求公司承担上述费用。在"罗德菲尔德诉费尔柴尔德机械和飞机公司案"（Rosenfeld v. Fairchild Engine and Airplane Co.①）中，法庭认为，当经营者出于善意为捍卫公司政策而抗争时，就有权利让公司负担合理适当的征集费用。显然，如果经营者征集委托书纯粹是为了个人利益或小集团利益而争夺公司表决权，则其费用只能由经营者自己承担。实践中，是"为捍卫公司政策"还是"为了个体利益"这样的主观目的较难举证，其结果一般会导致通过风险共担来防止道德风险。由此，囿于经费等限制，较难寄希望于其他主体可能基于公益目的提出征集，而作为国家依法设立的投服中心，其目的就是要维护投资者的合法权益，因此当然会承担相应费用。

第三，投服中心公开征集投票权降低了获取中小股东信任的成本。目前投服中心持股行权、小额速调和证券支持起诉已产生突出成效并获得了市场和社会的积极反响，赢得了中小股东的信赖与支持。可以预见，投服中心如果开展公开征集投票权活动，将更易得到中小股东的授权。

第四，投服中心公开征集投票权弥补了既有行权维权方式在预防违法上稍显不足的缺陷。既有持股行权方式相对被动，小额速调和证券支持起诉均为事后救济机制，三者能够间接警示和督促上市公司董监高勤勉尽责，不过，其在事前预防违法方面仍难免力不从心。

第五，投服中心公开征集投票权符合其公益性维权和服务组织定位。投服中心是证监会直接管理下专门维护中小股东权益的公益性非营利组织，其作为公开征集投票权主体符合其宗旨的要求，有利于降低公开征集投票权代理成本。

第六，投服中心公开征集投票权顺应其创新性发展趋势。投服中心自2014年成立以来，短短3年，试点区域从上海、广东（不含深圳）、湖南扩展至全国，提起我

① Tsc Industries, Inc. , et al. , Petitioners, v. Northway, Inc. , 426 U. S. 438(1976).

国首例证券支持起诉,是我国证券市场通过私法手段实现公法目的的重要创造性尝试。投服中心公开征集投票权不仅是对现实证券市场运行和社会发展需求的回应,也是此种创新精神的突出表现。

本书将使用成本与收益分析的方法,对投服中心如何降低中小股东利用公开征集投票权制度维权的成本进行进一步分析。成本与收益分析(Cost-Benefit Analysis,CBA)旨在达成三大目的:(1)量化监管行动的预期效果;(2)货币化该效果的收益与成本;(3)承认可行性约束(某些效果难以量化或货币化)。[①] 由于缺乏实证数据,本篇无法对公开征集投票权的成本与收益给出具体的量化结果。本书试图在理论上证明引入非直接利害关系人公开征集投票权能够降低中小股东维权成本。

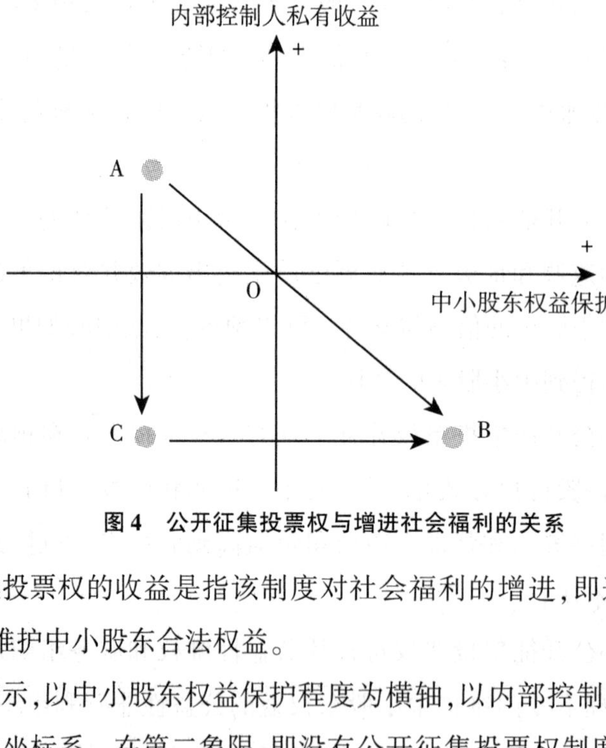

图4 公开征集投票权与增进社会福利的关系

公开征集投票权的收益是指该制度对社会福利的增进,即通过征集投票权完善公司治理、维护中小股东合法权益。

如图4所示,以中小股东权益保护程度为横轴,以内部控制人私人收益为纵轴建立平面直角坐标系。在第二象限,即没有公开征集投票权制度时,理性的中小股东考虑到自己的成本和收益,将放弃投票权,或者即使投票也会因人微言轻而难以

---

① See Cass R. Sunstein, "Financial Regulation and Cost-Benefit Analysis", 124 *Yale L. J. F.*, pp. 263, 264 (2014 - 2015).

发挥作用,从而导致内部人控制加剧。在第四象限,即存在公开征集投票权制度时,中小股东的权益开始改善,内部控制人私有收益下降。表面上来看,"一升一降"似乎未增进社会福利,但按照卡尔多－希克斯效率(Kaldor-Hicks efficiency),① 就社会整体福利而言,对中小股东权益的保护带来的收益远高于内部控制人私有利益的剥夺所造成的损失,因此,社会整体效益得到改进。但要注意防止处于第三象限,即防止征集者滥用投票代理权而产生的新的掏空。

程序成本是指征集活动自身耗费的金钱和时间成本,如获得股东名册费用、制作征集所需文书费用、向主管机关申报费用、寄送委托书费用、信息披露费用等。相比董事会、控制股东以及不够独立的独立董事,②中小股东的实际征集程序成本更高。如图 5 所示,以征集到的股份(投票权)为横轴,以征集成本(收益)为纵轴建立平面直角坐标系。MR(Marginal Revenue)代表公开征集投票权的边际收益曲线,MC_1(Marginal $Cost_1$)代表中小股东的边际成本曲线,MC_2(Marginal $Cost_2$)是董事会、控制股东以及不够独立的独立董事的边际成本曲线。在股权平等原则下,当征集者只征集到一股即一个表决权时,征集投票权的成本最高,为其实际总成本。由于只有一股,人微言轻,收益几乎为零。随着股份的增加,边际成本下降,边际收益上升。当投票权数目达到 Q^* 时,边际收益等于边际成本,征集者获得足够话语权。因此,征集者只需获得不少于 Q^* 的投票权即能成功。③ 征集到 Q^* 的投票数,R_1 等于 R_2(边际收益相等),但 C_1 却大于 C_2(中小股东付出边际成本更高),二者存在 B 的差值。这是因为代表董事会、控制股东以及不够独立的独立董事能从上

---

① 卡尔多－希克斯效率是福利经济学的著名准则,是指如果一个人的境况由于变革而变好,因而他能够补偿另一个人的损失且有剩余时,整体效益就改进了。卡尔多 1939 年发表的《经济学福利命题与个人间的效用的比较》中提出"假想补偿原则"作为检验社会福利的标准,即一项措施在使得一些社会成员经济状况改善的同时,会使得其他成员经济状况的恶化。假如一种变革使一部分人受益而使另外一部分人受损,那么可以设想,假如政府运用适当的政策使得受损者得到补偿,比如对受益者征收特别税,对受害者支付补偿金,使受损者保持原来的经济地位。如果补偿后还有剩余,就意味着增加了社会福利。希克斯补充了卡尔多的福利标准,他认为只要某种变革提高了生产效率,经过足够长时间后,受损者就会自然地得到补偿。See Kaldor N., "Welfare Propositions of Economics and Interpersonal Comparisons of Utility", *Econom. J.*, 49(195), 549, 550 (1939); Also See J. R. Hicks, "The Foundations of Welfare Economics", *Econom. J.*, 49(196), 696, 711 – 712 (1939).

② 不够独立的独立董事,是指独立董事成为董事会或控制股东的代言人,以自己名义为他人利益公开征集投票权。此时独立董事所支出的征集费用较易从上市公司得到补偿。

③ 曼昆经济学原理之三为"理性人考虑边际量"(rational people think at the margin)。经济学家用"边际变动"(marginal change)来表示对现有行动计划的微小增量调整,人们通过考虑边际量来作出最有决策。而且只有一种行动的边际利益大于边际成本,一个理性决策者才会采取这项行动。See N. Gregory Mankiw, *Principles of Economics*, 6 – 7 (South-Western College Pub. 6th ed., 2011).

市公司获得的“补贴”而减少实际支出成本,[①]中小股东由于经验不足会额外支出“试错”成本。B 系补贴成本和试错成本之和。

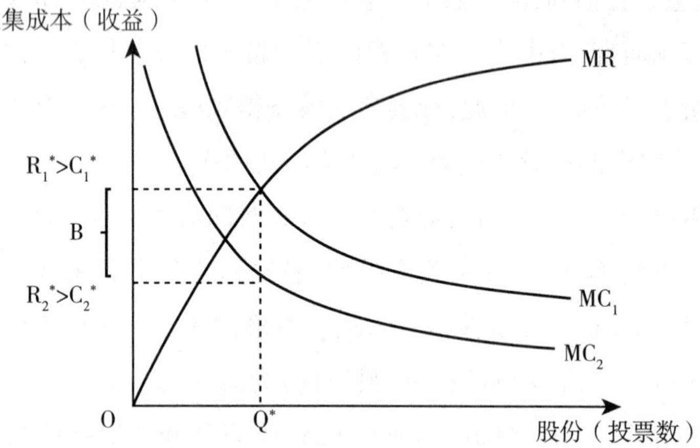

图 5　不同征集主体的程序成本分析

代理成本(agency costs)[②]是指公开征集投票权中被征集者(the principal)和征集者(the agent)间“构建、监控和约束一系列合同的成本,以及由于全面执行合同的成本超过收益而产生的剩余损失”,[③]主要体现在以下四个方面:[④]一是利益不一致问题。征集者意图使其意志贯彻于公司,实现对股东大会的控制。被征集者则期望公司经营绩效改善,股利发放丰厚以及股价持续攀升。由于利益追求不同,征集

---

① 关于公司补贴。美国大多数法院允许公司承担为了抵御挑战者而支出的合理费用。其理由是,此种争议牵涉的是一个“政策”(policy)问题而非仅仅为了控制权的“个人”(personal)争斗。由于几乎每一场代理权争夺都可以被装扮成是“政策的”,而非“个人的”争议,最终的效果就是所有的管理层的支出都由公司来支付。参见[美]罗伯特 · W. 汉密尔顿:《美国公司法》(第 5 版),齐东祥组织翻译,法律出版社 2007 年版,第 323 页。

② 经理人寻求自我效用的最大化,这一倾向与公司利益的最大化相冲突。为此,公司必须投入成本使经理人有动力为公司股东谋求利益。这一成本就是“代理成本”,它包括:(1)股东的监督成本(monitoring expenditures by the principal)。股东行使控制权、聘用审计、编制预算而发生的费用。(2)经理人的自我约束成本(bonding expenditures by the agent)。经理人为取信于股东,需要一定的自我约束,如会计、考核和纪律等。(3)剩余利益的损失(residual loss)。例如,股东对代理人实行持股计划等激励方案,实际上是向经理人让渡本属于自己的剩余利益。See Michael C. Jensen & William H. Meckling, “Theory of Firm: Managerial Behavior, Agency Costs and Ownership Structure”, 31 *J. Fin. Econ.*, pp. 305, 308 – 309 (1976).

③ See Eugene F. Fama & Michael C. Jensen, “Agency Problems and Residual Claims”, 26 *J. Fin. Econ.*, pp. 327 – 328 (1983).

④ 参见王月萍:《中小股东权益保护的制度影响研究》,华南理工大学工商管理学院 2011 年博士学位论文,第 45 页。

者可能枉顾被征集者的权益。二是契约不完备[1]问题。代理权征集委托书是典型的不完备契约：委托书虽然详细规定征集者的权利和义务，但难以穷尽合同事宜，征集者仍可能利用合同缺漏谋取私人利益，损害被征集者的权益。三是信息不对称问题。被征集者获取的信息全面性与征集者信息获取能力及披露内容息息相关。相比被征集者，征集者对自己的征集目的及被征集公司的经营状况更为清楚，不过，其往往根据自身利益和偏好向被征集者提供信息，导致被征集者获得的信息不全面甚至发生扭曲。四是不同类型的征集者获取信息能力上的差异也导致其能够提供给被征集者的最大信息容量的差异。例如，相比挑战者，董事会对公司情况更为了解，理论上能够向征集者更为全面地披露相关信息。

下面探讨非直接利害关系人作为征集主体降低程序成本和代理成本。

公众公司由于所有权和控制权的分离[2]以及“搭便车”问题，“花费大量的开支争取代理权(proxy fight)，也许并不符合单个股东的利益，因为这些成本都要由这名股东承担，而经营改善得到的收益却被所有的股东分享”。[3] 由于成本高昂，中小股东几乎不会运用公开征集投票权制度去监督经营者经营，而更愿意“用脚投票”。非直接利害关系人作为征集主体可以降低中小股东利用公开征集投票权制度维权的成本，为中小股东积极维权提供激励机制。

---

① 完备契约，是指缔约双方都能完全预见缔约期内可能发生的重要事件，愿意遵守双方所签订的契约条款，当缔约方对契约条款产生争议时，第三方能够强制其执行。完备契约相当于零交易成本状态下当事人就契约款达成的交易，能够实现帕累托最优。由于个人的有限理性，外部环境的复杂性、不确定性，信息的不对称性和不完全性，契约当事人或契约的仲裁者无法证实或观察一切，现实生活中的契约必然具有不完备性。参见王佐发：《公司重整制度的企业分析》，中国政法大学出版社2013年版，第13～19页。

② 现代公司所有权和经营权的分离(The Divergence of Interest between Ownership and Control)，是伯利和米恩斯提出的著名理论。在现代大型公司中，由于股东拥有的股份份额太小而且数量众多，无法实施日常控制，鉴于此，他们把日常的(剩余)控制权授予董事会，董事会又授予给经营人员。更为精确的描述是，存在所有权和有效控制权或经营权的分离，而股东们的确保留了以投票权形式存在的最终控制权。See Adolf A. Berle, & Gardiner C. Means, *The Modern Corporation and Private Property*, pp. 112 – 119 (Transaction Publishing, 3rd ed. 1991).

③ [美]奥利弗·哈特：《企业、合同与财务结构》，费方域译，上海三联书店、上海人民出版社1998年版，第233页。

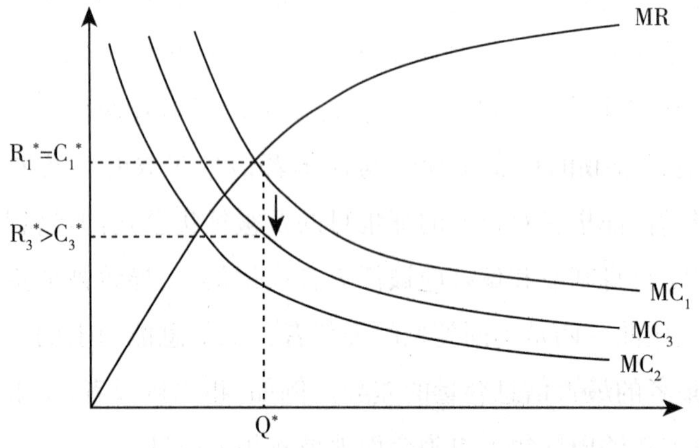

图6　非直接利害关系人征集投票权的程序成本分析

一方面,非直接利害关系人作为征集主体可以降低中小股东利用公开征集投票权制度维权的程序成本。如图6所示,MC_3 代表非直接利害关系人公开征集投票权的边际成本曲线。征集到 Q^* 的投票数,R_1 等于 R_3(二者边际收益相等),但 C_1 却大于 C_3(非直接利害关系人的边际成本较低),C_3 之所以低于 C_1,是因为试错成本的降低和社会福利的增加。试错成本的减少是因为非直接利害关系人作为专门维护中小股东权益的征集主体,具有更为专业的知识技能和更加流畅的程序操作,可以减少因不熟悉征集流程或者因判断失误而增加的成本。社会福利的增加是因为非直接利害关系人作为公益性征集主体,其为中小股东权益服务,在某种程度上属于代为履行本应由政府承担的责任和义务。其应当能够享受到税收优惠、保护基金补贴、社会捐助等诸多福利,这在一定程度上将征集成本分散到社会成员,进而降低非直接利害关系人实际征集成本。但并非所有非直接利害关系人公开征集投票权都能达到降低征集成本的效果:其如果同中小股东一般无经验,就无法降低公开征集投票权的试错成本;其如果无法从社会收获支持与帮助,就无法缩小与董事会、控制股东和不独立的独立董事之间源于公司补贴的征集成本差距。

另一方面,非直接利害关系人作为征集主体可以降低中小股东利用公开征集投票权制度维权的代理成本。第一,非直接利害关系人以维护中小股东合法权益为目的,可以缓解利益不一致问题。相比经营者,①非直接利害关系人囿于公益目的限制,较难产生征集者与被征集者利益追求不一致的问题,从而可以降低代理成本。② 第二,非直接利害关系人的征集行为受到法律严格监督,可以缓解契约不完备问题。特别是在征集事由和征集目的均有法定限制的情形下,当非直接利害关系人隐瞒真实目的致使中小股东遭受欺骗或损害时,中小股东可直接依据法律得到补救。其他征集主体的征集事由和征集目的遵循"法不禁止即允许"规则,只要征集主体履行如实披露义务,即使中小股东因经验不足等违背其真实意图授予代理投票权而使其受到损害,法律亦不会予以救济。第三,非直接利害关系人能进行更充分的信息披露,可以缓解信息不对称问题。"公开作为保护投资者的手段,是证券法的核心和灵魂",③相比中小股东,非直接利害关系人有更强的信息获取能力和更为畅通的信息获取渠道,其公益性目的亦使其追求更为充分的信息披露,促使中小股东更加有效识别风险并作出正确的投资决定。

(二)非直接利害关系人的资质

当事人适格的扩张趋势并非没有止境,这主要体现在原告当事人适格条件上。如果对原告当事人适格采取严格限制的政策,团体诉讼的启动和运行必然会受到一定限制,不具有原告当事人适格条件的个人、团体或代表人就无法启动团体诉讼,从而可能在某些急需发挥团体诉讼或公益诉讼作用的领域限制团体诉讼的作用。如果不对原告当事人适格加以限制,则很容易导致集团诉讼的失控,可能诱发滥诉,给司法机关带来压力和危机,并很容易造成公司治理和市场的紊乱。因此,制定限定条件规则时须尽可能地平衡正反两面的利益。

在证券欺诈等损害中小股东合法权益的场合,非直接利害关系人应当享有公开征集投票权,此系当事人扩张趋势之表现。不过,非直接利害关系人公开征集投票权制度"具有浓厚的公益色彩"并不意味着任何与案件无关的个人或团体均可以

① 经营者是股东的代理人,二者之间存在利益冲突。经营者可能以投资者的利益为代价来追求他们自己目标的能力。例如,经理层有动力促使公司超出其最优规模的扩大(grow beyond the optimal size);有动力给自己支付过高的薪酬或过多的津贴(managers' compensa-tion)等。See Michael C. Jensen, "Agency Costs of Free Cash Flow, Corporate Finance and Takeovers", 76 2 *American Economic Review*, pp. 323, 323 (1986).

② 理论上,非直接利害关系人的公开征集投票权的唯一目的是维护中小股东合法权益。但是在制度实践中,由于私利驱动,非直接利害关系人也可能背离制度目的,披露虚假信息,利用中小股东的信任征集投票权。因此,仍需要建立监督和制约机制,这是下文要讨论的问题。

③ 朱锦清:《证券法学》(第3版),清华大学出版社2017年版,第82~83页。

理所当然地以捍卫公益为名任意公开征集投票权,征集者仍有必要主张相当程度的利益关联。①

在认定非直接利害关系人的资质时,不妨借鉴“利益衡量”的方法。作为一种法学思考方法,以价值相对主义为基础,注重甲乙双方具体利益的比较。从具体到抽象可以将不同利益划分“当事人利益”“群体利益”“制度利益”“社会公共利益”,这四种利益形成一个有机的层次结构。② 公开征集投票权中,“当事人利益”是指因上市公司的违法行为而受到侵害的具体中小股东利益和具体上市公司自治利益;“群体利益”是指因同类违法行为而受到侵害的中小股东群体利益和上市公司群体利益;“制度利益”是指维护中小股东合法权益;“社会公共利益”是指维护证券市场有序性、经济安全性和社会稳定性。

虽然我国立法未规定非直接利害关系人具有征集主体资格,但实践中已出现典型案例,如2004年的“宝钢股份事件”。该事件是我国资本市场第一例非直接利害关系人公开征集投票权的事件,具有开创性意义。下文将以该事件为核心,运用利益衡量的方法,对是否支持赋予非直接利害关系人征集主体资格进行考量。

2004年8月宝山钢铁股份有限公司(以下简称宝钢)抛出280亿元单笔再融资项目。9月8日《今日商报大众证券周刊》联合新浪网推出了“抵制宝钢增发,征集流通股东投票权”活动。次日,和讯网、搜狐网、《信息早报》、《金融投资报》、《深圳商报》、《北京现代商报》等数十家媒体联合北京首放也共同发起征集中小投资者投票权抵制宝钢增发的活动。尽管由于股权集中,宝钢增发方案最终以87.65%高票通过,但来自中小股东与新闻媒体的压力迫使宝钢修改增发方案,顾及了中小股东利益。③

① 参见颜运秋:《公益诉讼理念研究》,中国检察出版社2002年版,第183页。

② 参见梁上上:《利益衡量论》(第2版),法律出版社2016年版,第114页。

③ 参见《抵制宝钢绝增发紧急征集中小投资者投票权》,载今日商报大众证券周刊:http://finance.sina.com.cn/y/20040907/20051006477.shtml,最后访问日期:2018年1月27日;吴海峰:《抵制宝钢巨额增发六千万股权相约维权》,载证券之星:http://finance.stockstar.com/ZH2004091501131774.shtml,最后访问日期:2018年1月27日。

表 3　2004 年宝钢股份事件中的利益衡量

是否允许扩张征集主体	结果					
	当事人利益		群体利益		制度利益	社会公共利益
	宝钢中小股东利益	宝钢公司利益	中小股东群体利益	上市公司群体利益	维护中小股东合法利益	证券市场有序性、经济安全性和社会稳定性
允许	√	√	√	√	√	√
不允许	×	√	×	√	×	×

（说明：表格中的"√"表示允许非直接利害关系人作为征集主体，"×"表示不允许非直接利害关系人作为征集主体。）

从表 3 观察，不允许非直接利害关系人征集投票权，于情于理均不合适。首先，就当事人具体利益而言，宝钢增发完全符合国家产业政策和未来经济发展需要，其之所以受到流通股股东抵制，原因在于增发方案不够公开透明，且方案本身没有充分顾及流通股股东利益。[①] 通过财经媒体等非直接利害关系人公开征集投票权，调整后的宝钢股份增发方案充分顾及了流通股东的利益，不仅获得高票通过，而且也能获得中小股东的支持和理解。其次，就群体利益而言，允许非直接利害关系人征集投票权，能够激发中小股东行使股权的热情，形成市场约束和激励机制，促进上市公司治理结构的改善。财经媒体公开征集投票权抵制宝钢增发引起社会各界对"中小股东如何获得话语权"的热烈讨论，促进中小股东积极维权，监督宝钢股份披露增发相关信息。[②] 最后，就制度利益和社会公共利益而言，允许非直接利害关系人公开征集投票权可以改变中小股东弱势地位和被动状态，维护证券市场持续健康发展。

利益衡量方法的分析表明，在允许非直接利害关系人征集投票权同时，应事先设计多种制约与监督机制予以控制，防止该制度被滥用。允许非直接利害关系人公开征集投票权，并不意味着对征集主体的资格不作任何限制。不过，我们亦不能因对非直接利害关系人征集投票权可能损害公司自治、诱发道德风险存有顾虑而

① 参见陈军：《宝钢股份增发引发非议背后的反思》，载《中国冶金报》2004 年 10 月 26 日，第 2 版。

② 参见《知名律师表示宝钢中小股东投票权征集活动合法》，载《今日商报大众证券周刊》2004 年 9 月 13 日，http://finance.sina.com.cn/y/20040913/11471018611.shtml，最后访问日期：2018 年 1 月 27 日；黄平：《专家：媒体征集投票合法宝钢应尽快确认表决权》，载证券之星：http://finance.stockstar.com/SS2004092500801628.shtml，最后访问日期：2018 年 2 月 5 日。

一概予以禁止。

我国立法中未明文规定非直接利害关系人的征集主体资格。实践中,当中小股东合法权益受到损害时,财经媒体和专业机构等非直接利害关系人挺身而出,创造性地发起公开征集投票权活动。

财经媒体作为征集主体的典型案例是2004年的"宝钢增发事件"。在该事件中,新闻媒体公开征集投票权"抵制增发"是由当时中国证券市场发育不够成熟、配套改革不够完善、缺乏公众监督渠道的时代背景直接引起的。有学者对新闻媒体公开征集投票权给予较高评价:"首先,它实践和尝试了一种有效的维护中小股东权益的法律形式,开辟了以代理权征集方式行使权利的新途径;其次,它改变了中小流通股东是弱小无奈、无法形成自己声音的被动状态,有力地推动了中小股东权利意识和自我保护意识觉醒;再次,它凸现了现行立法、执法在这方面的不足和欠缺,会推动相关立法的完善和制度的建设;最后,它也能促进公司法和证券法理论研究的深入和创新,为立法完善和有效的执法、司法提供更充分的理论论证和支持。"①

谚语有云"有阳光的地方就有阴影"。在对此一创造性活动予以高度肯定和赞扬时,我们也应当理性思考新闻媒体公开征集投票权的弊端。

其一,公开征集投票权与新闻媒体的角色定位不符。新闻媒体是重要的外部舆论压力导向机制,对激发中小股东维权意识、监督上市公司治理具有重要作用。但新闻媒体也具有较强的煽动性和感染力,若放任其行使公开征集投票权,可能会误导甚至利用中小股东。

其二,公开征集投票权与新闻报道的客观性原则相悖。新闻报道要最大程度尊重客观事实,要尽量避免主观性,而公开征集投票权带有强烈的主观倾向性,可能会形成舆论诱导。②

其三,新闻媒体公开征集投票权可能阻碍建立中小股东维权常设机制。新闻媒体多是出于"正义感"发起征集活动,但是仅凭正义感难以形成稳定的维权机制。"过多渲染个人觉悟维护公共利益,可能给公众造成误导,产生对个人诉讼不现实

---

① 黄平:《专家:媒体征集投票合法宝钢应尽快确认表决权》,载证券之星:http://finance.stockstar.com/SS2004092500801628.shtml,最后访问日期:2018年2月5日。

② 参见谢企华:《媒体干预新闻事件带来什么》,载《传媒观察》2006年第2期。

的期望，因此削弱了建立相关法律制度的紧迫性。”[①]

其四，新闻媒体公开征集投票权可能破坏证券市场治理稳定性。因为新闻媒体选择征集对象和事由可能具有任意性和不明确性，不具有可预见性和可预期性，所以必须加大征集活动监管与监控难度。

专业机构作为征集主体的典型案例是2000年的“五粮液事件”。

2000年1月18日，宜宾五粮液股份有限公司2000年年度“不进行分配，也不实施公积金转增股本”的分配议案引起中小股东不满。以宋某为代表的小股东委托北京君之创证券投资咨询有限公司（以下简称君之创）代为出席2月20日举行的五粮液股东大会，代理行使股东权利。2月14日君之创通过媒体发表倡议书，号召广大五粮液中小股民积极参加股东大会、行使股东权利，并建议修改五粮液2000年度分配议案。2月15日并不拥有五粮液股票的君之创在北京、上海、深圳、成都等地设立办事点，接受各地股东委托，此举立即在中国证券市场引起震动。[②]

因五粮液股权集中，君之创征集投票权失败，[③]但作为我国第一例由中小股东委托专业机构代为征集投票权的事件，其充分体现了中小股东维权意识的觉醒。不过，媒体称其为我国证券市场首次“由上市公司非股东、非董事征集对上市公司的代理投票权”[④]有定性错误之嫌。本质上，君之创公司并未公开征集投票权：其发出的倡议书不是严格意义上的征集书，[⑤]其后来接受的委托也不是严格意义上的主动征集投票权。

诸如君之创公司这样的营利性证券咨询机构与中介组织可以为中小股东提供更为专业的服务，但其仅能作为委托人以中小股东名义代为征集投票权，其自身不应享有公开征集投票权的主体资格。非直接利害关系人的重要属性为公益性与非营利性，营利性主体追求利润的目标与上述属性迥然不同。要求营利性机构为中小股东权益公益性（意味着低费用甚至免费）征集投票权，相当于要求公司履行社

---

① 汤维建等：《群体性纠纷诉讼解决机制论》，北京大学出版社2008年版，第299页。

② 参见值万禄：《一毛不拔还要高价配股五粮液激怒小股东》，载新浪网：http://finance. sina. com. cn/s/37103. html，最后访问日期：2018年1月19日。

③ 大股东四川省宜宾五粮液酒厂占75%，中小股东只拥有25%的股权。

④ 《五粮液分红不分红股东大会即将进行讨论》，载全景网络证券时报网：http://finance. sina. com. cn/s/37379. html，最后访问日期：2018年1月19日。

⑤ 倡议书参见《五粮液分配预案引起众多中小股东不满》，载新浪财经网：http://finance. sina. com. cn/s/3643 7. html? from = wap，最后访问日期：2018年1月29日。

会责任。虽然现代公司契约关系理论(nexus of contract theory)[①]及公司社会责任理论(Corporation Social Responsibility,CSR)[②]一定程度上修正股东至上和利润至上的传统理论,但无论是理论上的争论不休,[③]还是立法上的相对保守,[④]均表明营利仍为公司基本目标。若营利性机构没有动力行使公益性征集权,即便法律赋予其征集主体资格,也只是起到一般宣誓作用。

投服中心是于 2014 年 12 月注册成立的证券金融类机构,归属中国证监会直接管理。投服中心具有公益性和非营利性的特点,其主要职责是为中小投资者自主维权提供法律、信息、技术等服务。[⑤] 投服中心积极发展事前持股行权机制、事中证券期货纠纷小额速调机制、事后证券支持诉讼机制,以更好地维护中小股东合法权益。

持股行权方面,投服中心通过全面持有沪深交易所每家上市公司一手股票,以股东的身份、从市场的角度、用法律的手段,履行公司法和证券法赋予的股东权利,发挥示范引领作用,逐步唤醒中小股东意识,督促上市公司提高规范依法运营水平。[⑥] 目前其持股行权方式有发动股东建议函、参加股东大会、股东大会外现场行权、参加上市公司说明会和公开发声。[⑦] 小额速调机制方面,投服中心接受中小投资者委托,提供纠纷调解等服务,是最高人民法院、证监会共同确定的全国证券期

① 公司契约关系理论认为,企业是各种要素的集合,朝着共同的生产或者服务目标而努力。其中,雇员提供劳动力资本、管理者提供管理资本、股东提供股权融资、债权人提供债权融资,他们自愿结合自行安排各种交易,共同受到一种复杂的契约关系束的拘束。该理论为公司社会责任理论提供一种解释路径。参见[美]弗兰克·伊斯特布鲁克、丹尼尔·费希尔:《公司法的经济结构》,张建伟、罗培新译,北京大学出版社 2005 年版,第 1 ~40 页。

② 公司社会责任理论认为,基于现代公司的地位,公司应当承担更多社会责任,而不仅是股东赚钱的工具。

③ 自 20 世纪 30 年代以来,共掀起过 3 场公司社会责任的论战。支持公司社会责任者认为,公司不仅应当对股东利益最大化承担责任而且应当对股东之外的利益相关者承担责任。而反对者则坚持传统的公司行为和责任标准。参见施天涛:《公司法论》(第 3 版),法律出版社 2014 年版,第 49 ~51 页、第 401 ~404 页。

④ 现代公司法确实吸收公司社会责任理论,但多为倡导性规定而非强制性要求。例如,我国《公司法》第 5 条明文规定"社会责任",《美国模范公司法》(Model Business Corporation Act,MBCA) § 3.01(3)、§ 3.01 (14)、§ 3.01(15)分别规定了公司享有对公共福利或者慈善、科学、教育等目的进行捐赠的权力;享有从事任何有利于政府政策的合法营业的权力;享有从事与法律不相抵触的促进公司经营和事务的支付或者捐赠的权力,或者从事任何其他行为的权力。

⑤ 参见《公司介绍》,载中证中小投资者服务中心网站:http://www.isc.com.cn/about_us/,最后访问日期:2018 年 1 月 29 日。

⑥ 参见投服中心:《持股行权在全国扩展意义重大》,载新华网:http://www.xinhuanet.com/fortune/2017-04/18/c_129547177.htm,最后访问日期:2018 年 1 月 29 日。

⑦ 参见陈甦、陈洁:《投服中心持股行权:理念创新与制度集成》,载《上海证券报》2017 年 1 月 3 日,第 7 版。

货纠纷试点调解组织。[①] 证券支持起诉方面，目前投服中心已经发起4起证券支持起诉[②]维护中小股东合法权益。投服中心支持证券起诉具有重要意义：降低起诉成本，维护受害中小股东权益；树立典型案例，激发中小股东维权意识；完善外部监督机制，优化上市公司治理；证券公益律师提供专业服务，倡导理性行权与维权。[③] 与此同时，投服中心积极探索创新行权维权方式，其在新闻稿中指出："（其）将通过公开征集的方式，行使提案权、股东派生诉讼权等有持股比例和时间限制的权利。"[④]

为防止非直接利害关系人无视规矩、破坏衡平，作出上述滥用征集权的行为，需要建立多元监督机制，包括立法机关的抽象监督、主管部门的行政监督和非直接利害关系人内部监督。

一是立法机关的抽象监督。广义上，所有涉及非直接利害关系人公开征集投票权的规定都是对其的监督，包括术语界定、征集事由、授权规则、救济手段等。但为避免行文重复，此处的法律监督特指防止非直接利害关系人消极行使征集权的规定。

随着《人民检察院提起公益诉讼试点工作实施办法》（以下简称《公益诉讼实施办法》）和民事诉讼法的修改，我国在立法上建立了检察机关"职责性"[⑤]提起民事公益诉讼的制度。同检察机关相同，非直接利害关系人也具有公益属性。那么，能否类推适用上述规定，强制要求非直接利害关系人在特定情况下启动公开征集投票权程序？非直接利害关系人是私法主体，最多是具有官方色彩的公益性私法主体。它与检察机关这一纯粹的公法主体不同，因此，国家法律不能规定一个私主体

---

① 参见《投服中心纠纷调解案例证券期货纠纷小额速调机制为中小投资者维权提供便捷通道》，载中证中小投资者服务中心网：http://www.isc.com.cn/mediate/201705/t20170517_171508.shtml，最后访问日期：2018年1月29日。

② 分别是2016年7月25日，接受9名股东委托起诉*ST匹凸（600696）虚假陈述行为；2016年8月15日，接受11名中小投资者委托起诉康达新材（002669）造假上市行为；2017年3月17日，支持中小投资者索赔上海绿新上海绿新（002565，现更名为顺灏股份）实际控制人，并刊发索赔公告；2017年4月27日，首次在全国范围内公开征集因安硕信息（300380）误导性陈述受损的中小投资者。

③ 参见《公益律师说维权投服中心代理首例证券支持诉讼案例分析》，载中证中小投资者服务中心网：http://www.isc.com.cn/rights/201705/t20170517_171525.shtml，最后访问日期：2018年1月29日。

④ 投服中心：《突出四方面举措全力做好持股行权扩围工作》，载新华网：http://news.xinhuanet.com/finance/2017-04/17/c_129542538.htm，最后访问日期：2018年1月22日。

⑤ 尽管《民事诉讼法》第55条第2款仅规定"人民检察院……可以向人民法院提起诉讼"，但《公益诉讼实施办法》第4条规定"人民检察院……应当将有关材料移送民事行政检察部门"，第5条规定"经审查认为……可能损害社会公共利益的，应当报请检察长批准决定立案，并到案件管理部门登记"。因此，只要符合民事公益诉讼立案条件，检察院就负有提起民事公益诉讼职责。

承担公主体的法定义务。如果非直接利害关系人怠于行使公开征集权,市场本身就可以实施惩戒,例如,其将失去中小股东的信任,进而失去在证券市场的话语权。此外,区分"依申请启动"和"依委托启动"两种启动方式的制度设计能够削减非直接利害关系人任意拒绝公开征集投票权申请的诱因。

二是主管部门的行政监督。非直接利害关系人征集投票权的主管部门是证监会,证监会对非直接利害关系人的行政监督主要体现在以下三个方面:第一,人事监督。非直接利害关系人的董事、监事等成员任命需经证监会批准。对于履职不合格的董事、监事,证监会可以依法罢免。例如,我国台湾地区"投保法"规定主管机关得遴选、指派"投保中心"董事,批准董事长,并解雇违反规定的董事、检查人、经理人或受雇人。① 第二,检查监督。非直接利害关系人需配合证监会的监督和检查,证监会为维护中小股东合法权益,可检查其业务、财产、账簿、书类或其他有关文件。例如,我国台湾地区"投保法"就规定主管机关为保护中小投资者,必要时可检查投保中心的相关文件。② 第三,信息披露监督。非直接利害关系人公开征集投票权需按证监会规定在法定时间在法定媒体上披露相关信息。例如,美国委托书规则细致地规定了信息披露的内容和申报要求。③

三是非直接利害关系人的内部监督。完整的非直接利害关系人监督机制由内部监督机制和外部监督机制构成。内部监督机制的有效运行,依赖前述立法机关及主管部门强有力的外部约束,不过外部监督机制作为"他律",终究不如非直接利害关系人的"自律"那样标本兼治。"内部监督机制包括内部道德自律和内部制度化控制",④建立和完善非直接利害关系人公开征集投票权内部监督机制可通过以下途径进行:

第一,培养内部伦理道德。非直接利害关系人肩负实现社会公益、维护中小股东合法权益的使命,其若缺乏使命感与责任感,将不能有效进行自我监督,故构建有效的道德驱动自律机制对非直接利害关系人意义重大。在美国,非营利组织、基金会和企业捐赠计划的联盟——独立部门(Independent Sector)道德准则倡导其会

① 参见台湾地区"投保法"第 11 条、第 12 条、第 39 条。

② 参见台湾地区"投保法"第 16 条。

③ CFR § 240.14a-6,14a-9,14a-11,14a-18.

④ 翁晓健:《证券市场虚假陈述民事责任研究——美国证券法经验的反思与借鉴》,上海社会科学院出版社 2011 年版,第 217 页。

员倡导做到正直诚实、公益优先、尽职尽责、遵纪守法、慎用资金、公开披露、追求高效、包容开放、尊重隐私。[①] 非直接利害关系人应以上述高标准要求自己。

第二,完善内部治理机制。非直接利害关系人内部设立理事会、监事会、管理层等机构,理事会负责决定是否启动公开征集投票权程序,监事会对董事会的决策进行监督,管理层负责贯彻落实董事会的决议。通过制定业务规则,明确非直接利害关系人公开征集投票权决策、实施、监控操作流程,并加强信息披露制度,及时、准确地向中小股东披露公开征集投票权进度。

第三,制定内部处罚条例。非直接利害关系人应制定《内部处分条例》,对违法违规公开征集投票权的责任人员,予以行政处罚(口头警告、通报批评、辞退等)和经济处罚(罚款、降薪等)。非直接利害关系人对外承担赔偿责任后,应向责任人员追偿,防止责任人员逃避惩罚,降低违法成本。

为防止投服中心滥用公开征集投票权,应当建立完善的监督机制,包括立法机关的抽象监督、证监会的行政监督以及投服中心内部监督。目前我国尚未在法律法规层面建立对投服中心的监督机制,相较我国台湾地区"投保中心"网,[②]我国投服中心官网[③]信息披露不充分。知情权是监督权的基础性和手段性权利,投服中心应强化自身信息披露职责,便于立法机关、证监会、社会大众对其进行外部监督,也便于投服中心进行内部自律监督。

三、公开征集投票权的授权方式

(一)授权范围:全权授权抑或分别授权

投票权征集人的权利源于股东的授权,授权行为又分为分别授权和全权授权两种。非直接利害关系人公开征集投票权应当就征集事项分别获得授权,而不能获得全权授权。这主要是为了防止非直接利害关系人滥用代理投票权,违背被征集者的利益。在我国公开征集投票权早期实践中,对征集人的授权多数过于笼统

① See Independent Sector, Code of Ethics, available at https://independentsector.org/wp-conten t/uploads/2016/12/is-code-of-ethics.pdf, last visited on 6th Feb. 2018.

② 涉及我国台湾地区"投保中心"的内容来自其网站:https://www.sfipc.org.tw/MainWeb/In dex.aspx?L=1,最后访问日期:2018年2月1日。

③ 涉及投服中心的内容来自其官方网站:http://www.isc.com.cn/,最后访问日期:2018年2月1日。

概括。例如,2000年的“胜利股份事件”中,山东胜利股份有限公司(胜利股份,000407)第二大股东广州通百惠公司在媒体上刊登公告,披露公司将在胜利股份股东大会上提出的提案,并向胜利股份股东公开征集投票权。通百惠公司的授权委托书内容摘录如下:

……前述代理人广州通百惠服务有限公司于此次股东大会期间,对于列入股东大会议程的各项审议事项和对于任何被列入股东大会议程的临时提案均拥有依据其自身意愿进行表决的权利,其所作出的任何决定及代表的意愿均视同本公司/本人的决定和意愿。……①

这种概括授权方式“没有给股东表达意见的机会,忽视了股东意愿。股东如果签署委托书,将没有任何选择余地”。② 随着公开征集投票权文书制作的规范化和标准化,目前我国征集投票权授权委托书全部采取分别授权的形式,即由委托人就每一议案表示同意、反对或弃权的授权意见。

在美国,最能落实该要求的是公开征集投票权的授权规则,而授权规则最终以“委托代理说明书”和“委托代理卡”(proxy card)两个文件展现。前者必须“涵盖附表14A所规定的信息”;③后者“必须明显、公平地确定拟采取的每一事项,无论是否与其他事项的批准有关,亦无论是否由注册人或证券持有人提出”,④内容上要求有一个方框式投票形式,即委托代理表必须允许证券持有人就“提到的旨在采取行动的每一独立事项选择赞成、不赞成或者弃权,但董事选举除外”⑤等。

(二)授权界限:羁束性授权抑或裁量性授权

就授权的内容而言,又可以分为羁束性授权和裁量性授权两种。在公开征集投票权中,羁束性授权是指征集人只能按照被征集人的意愿投票,即被征集人明确

① 参见张新:《中国并购重组全析:理论、实践和操作》,上海三联书店2004年版,第1110页。

② 参见张宽:《上市公司委托书征集相关问题研究》,复旦大学民商法学系2012年硕士学位论文,第36页。

③ CFR § 240.14a-3(a).“除非同时或提前向被征集人同时提供一份公开申报的包含附表14A所规定信息的初步或确定性书面委托代理说明书,否则不得进行征集活动。”

④ CFR § 240.14a-4(a)(3).

⑤ CFR § 240.14a-4(b)(1).之所以排除董事选举,是因为“董事通常并不要求仅投反对票,如果股东不喜欢被提名者,可以授予反对者委托代理权(如果有的话),也可以根本不表决”。参见[美]托马斯·李·哈森:《证券法》,张学安等译,中国政法大学出版社2003年版,第387页。

表示其同意、反对或者弃权的投票意愿。裁量性授权是指征集人可以按照自己的意愿投票，即被征集人不表明投票意愿，而是委托征集人代为投票。

在美国，公开征集投票权以羁束性授权为原则，以裁量性授权为例外，这是因为美国上市公司股权分散，不然将无法满足对特定议案的法定比例的赞成票数；对于那些因故未投出赞成票的"亲管理层"股东确有必要。我国实践中，存在多起征集人未就同一股东大会中全部影响中小股东权益（须5%以下股东单独表决）的议案征集投票权，但两种议案表决结果完全一致的事件。对此，有两种解释可能：征集人通过公开征集投票权未征得任何投票权，故征集议案投票结果等同于未征集议案；或者征集人以自己的意愿对未征集议案代为行使投票权，故未征集议案投票结果等同于征集议案。前者涉及公开征集投票权效力问题，应当通过增强非直接利害关系人公开征集投票权制度的吸引力予以解决。后者涉及征集人是否享有自由裁量权的问题，应当具体分析：若非直接利害关系人故意不披露相关议案，则为维护中小股东合法权益，其不应享有自由裁量权；若非直接利害关系人已如实披露相关议案，则应当赋予其自由裁量权。因为非直接利害关系人不同于其他征集主体，其扮演中小股东"代言人"角色，理论上，无论是羁束性授权还是裁量性授权，表决结果应当一致。

值得探讨的问题还有授权委托书未填写或者填写不明时的效力问题。我国实践中有三种不同的做法：其一，"受托人有权按自己的意愿进行表决"；其二，"未填写视为弃权"；其三，"选择一项以上或未选择的，委托无效"。鉴于授权委托书本质上是一种格式文件，对于格式条款的效力，可以运用格式合同三原则，即内容强制原则、疑义解释原则和意外条款排除原则进行审查，审查核心是订立合同格式条款时是否显失公平，故上述三种做法只要未明显不公正，均可认为有效。

（三）授权效力：一次授权抑或永久授权

在公开征集投票权中，授权效力是指授权委托书的有效期间。[①] 在美国，"委托

① 本篇不讨论代理书可否撤销的问题。原因有两点：第一，查询的415个征集公告均允许撤销授权，可见我国实践中对此没有争议；第二，该问题在委托书征集制度发达的美国中不具有"震撼力"——"在州法中，也许最为活跃的问题是声称不可撤回的对代理人的委托是否真的不可撤回，但在这个问题上几乎没有任何诉讼的报道，可见该问题不是什么有震撼力的问题。"参见［美］罗伯特·W. 汉密尔顿：《美国公司法》（第5版），齐东祥组织翻译，法律出版社2007年版，第295页。

代理表必须提供一个特别设计的空白位置,用以注明委托代理日期”。[①] 公开征集投票权只对该次股东大会有效,禁止“对一次以上会议(及其续会)或者一次以上的同意征集投票权”,[②]并且“不得有下列征集行为:任何未标日期或迟签日期的委托代理;或任何规定其将被视为标注了证券持有人签署日后任何日期的委托代理”。[③] 可见,美国公开征集投票权采用一次授权原则,旨在尽可能反映被征集人对特定议案当时的意愿,以及防止征集人滥用代理投票权。未来非直接利害关系人公开征集投票权的有效期限也应当自签署日起至相应股东大会结束。

① CFR § 240.14a-4(a)(2).
② CFR § 240.14a-4(d)(3).
③ CFR § 240.14a-10.

第四章　公开征集投票权的具体规范内容

一、公开征集投票权的事前规范

(一)公开征集投票权的启动

1. 公开征集投票权启动的实体要件

(1)公开征集投票权的触发条件

非直接利害关系人在发现上市公司的违法行为后,可以启动公开征集投票权程序。而违法行为的线索,既可以是非直接利害关系人主动发现,也可以是非直接利害关系人受理中小股东符合条件的申请时发现。中小股东也可以自己的名义公开征集投票权,并委托非直接利害关系人代理相关征集事项。概言之,非直接利害关系人启动公开征集投票权的方式有两类3种:以自己的名义征集投票权,又分为主动征集和依申请征集;以中小股东名义代为征集投票权,即依委托征集。

首先,非直接利害关系人发现上市公司违规违法现象时,得以自己名义主动征集投票权。例如,在上市公司发布召开选举董事及决定其报酬的临时股东大会的公告后,非直接利害关系人如果认为候选董事当选可能损害中小股东合法权益,或者董事薪酬过高存在利益输送嫌疑时,就可以公开征集投票权,对原议案投反对票,甚至提出新的董事人选。其次,非直接利害关系人认为中小股东的申请符合要求时,得以自己名义征集投票权。申请人应当说明申请原因、提供股东身份证明等材料,并由非直接利害关系人决定是否受理申请。此外,就像上市公司不得对征集投票权提出最低持股比例限制一样,[①]非直接利害关系人不得对申请人数和申请人

① 参见《上市公司股东大会规则》第31条第2款。

所持股份比例作出限制。

"当一个人接受了公众的委托,他就应该把自己看作公众的财产",[①]某种程度上来讲,非直接利害关系人的征集主体资格是公众委托的结果——公众基于信赖委托其征集投票权监督上市公司治理,同时通过捐赠、纳税或其他间接方式对其运营经费给予支持。故非直接利害关系人应当把自己视为公众的财产,以最有利于中小股东的方式行使征集权。这意味着即便中小股东的申请不符合规定,但为尽可能降低中小股东征集成本,实现公众赋予非直接利害关系人征集投票权资格目的,非直接利害关系人仍应提供必要的投资者服务,支持中小股东公开征集投票权。支持公开征集投票权具有公益性,申请人无须承担非直接利害关系人的工作人员劳务费用,只需承担证监会要求的文件制作、材料寄送等程序费用。

一般而言,中小股东可以先申请非直接利害关系人公开征集投票权,在因理由不充足等原因遭到拒绝后,中小股东得以自己的名义发起征集活动,并委托非直接利害关系人代为征集。非直接利害关系人应当告知委托者征集活动可能失败的结果和费用承担规则,若中小股东仍不放弃委托征集投票权,则非直接利害关系人应当依法为其启动征集程序。这主要是运用市场机制监督非直接利害关系人和防止中小股东滥用征集权。一方面,非直接利害关系人的拒绝不能阻碍中小股东启动征集程序。不同征集主体的区别仅在于费用负担规则:非直接利害关系人以自己名义公开征集投票权的,程序费用由非直接利害关系人负担。反之,则由中小股东以自己的名义征集投票权,并自行负担程序征集费用(但可降低试错成本,并减少委托专业机构代为征集服务成本)。另一方面,费用承担规则能有效消减中小股东滥用征集权动机,征集程序必然启动的设置亦能避免非直接利害关系人滥用拒绝权力。因为发起无意义的征集活动将自负额外的时间成本和金钱成本,中小股东没有滥用征集权的诱因;拒绝不会阻止征集程序的启动,随意拒绝将受到社会大众的批评,非直接利害关系人也没有滥用拒绝权的诱因。

非直接利害关系人公开征集投票权"作为增加股东参与公司管理之努力的一部分",[②]其唯一目的是维护中小股东合法权益,禁止其利用中小股东的信任,谋取

---

① [美]德怀特·D.艾森豪威尔:《艾森豪威尔回忆录》(二),樊迪、静海等译,东方出版社 2007 年版,第 2 页。

② [美]托马斯·李·哈森:《证券法》,张学安等译,中国政法大学出版社 2003 年版,第 468 页。

私人利益。例如，就董事会成员的选任和罢免上，非直接利害关系人不得偏私或助阵任何一方，其应以“是否有益于维护中小股东”为投票的唯一指向标。同时，为了防止征集投票权的滥用，对于公开征集投票权的行为应当有适当的目的限制，如征集活动必须是出于公司整体利益而非个人私益，不能损害中小股东的合法权益，不能以征集投票权为争权夺利的工具等。当然，何为公益、何为私益本身是一个非常复杂的问题，应由裁判机关在具体案件中予以认定。

（2）公开征集投票权的行为方式

对于何种方式征集投票权，美国以概念界定何为征集投票权行为，美国证券交易委员会（Securities and Exchange Commission，SEC）根据美国《证券交易法》第14条的授权，从1935年开始陆续制定了五项规则及五个附表，构成了美国的委托书规则。其中，第14A条规定了委托书征集的基本规则体系，其对“征集行为”做出了以下界定：“（1）包括任何关于代理权的请求，无论这种请求是否采取委托书形式，还是包含在委托书之内；（2）任何有关签署或不签署，或撤销委托书的请求；（3）或向证券持有人提供委托书或其他信息，根据当时的情况合理地判断，该行为将导致委托书的取得、保留或撤销。”[①]由此可见，美国对征集投票权作了很宽泛的界定，具有极大的开放性和包容性，有利于公开征集投票权机制的启动与实施，但此种方式也有范围不清晰、导致征集投票权滥用等局限性。我国台湾地区“委托书规则”第3条对“征求”作了明确的列举性规定，并强调“委托书之征求与非属征求，非以本规则规定，不得为之”。[②] 由此可见，我国台湾地区采取封闭性的方式，优点是规定清晰明确，缺点是开放性不足，难以应对新问题、新情况。

我国可以借鉴美国，对于何为“征集行为”，应以开放式的概念界定为佳，这样可以适应不断变化发展的新情况。可对“征集行为”做如下定义：征集人为获得表决权优势，通过口头、书面或其他等同形式主动获取上市公司股东的授权委托书，进而得以在股东大会代为行使表决权的任何行为。如此定义可精准地描述何为征集行为，也在一定程度上交代了征集的方式和程序。同时，这样定义也有着广泛的

---

① See James D. Cox, *Corporations*, Aspen Publishers 2003 ed., p. 364.

② 第3条规定，本规则所称征求，指以公告、广告、牌示、广播、图文电视、信函、电话、发表会、说明会、拜访、询问等方式取得委托书借以出席股东会之行为。本规则所称非属征求，指非以前项之方式而系受股东之主动委托取得委托书，代理出席股东会之行为，委托书之征求与非属征求，非以本规则规定，不得为之。

包容性,可以容纳未来新出现的征集方式和根据实际情况所做的程序调整,节约立法成本,彰显法律之稳定性。

2. 公开征集投票权启动的程序要件

公开征集投票权启动的程序要件主要包括征集投票权报告书的信息公开和满足监管规定。

(1)征集投票权报告书的应载事项

信息公开的目的在于为股东提供正确决策所必需的充分、真实的信息,是被征集人了解公司情况的基本前提,也是公开征集投票权制度的灵魂和健康运行的基础。"如果更多的信息得以披露,而且股东得到更多的富有价值的参与机会,他们将会很好地充当公司财产所有者和决策者的角色。"①在美国,《委托书规则》第14a-3条规定,征集人应在征集之前或同时向被征集的股东和美国证券交易委员会提供法定的信息,否则禁止对任何证券持有人进行征集。由此可知,美国实行的是强制性的信息披露制度,但披露的具体内容取决于股东大会待表决的事项,这些内容在附件14A有详细的列举和说明。此外,美国《委托书规则》第14a-9(a)条②要求征集人必须保证披露信息的真实性,不得虚假陈述。我国台湾地区的"委托书规则"第4条、第5条、第7条对公开征集投票权所要求的内容作了详细规定,第8条③更是细致地列举了征求委托书的书面以及广告应当载明的事项,因此,可以说其对信息披露的规制是通过对公司议事手册和征集委托书书面及广告内容的规范来实现的。我国台湾地区不要求征集人将征集材料寄送被征集股东,只需将议事

---

① [美]弗兰克·伊斯特布鲁克、丹尼尔·费希尔:《公司法的经济结构》,罗培新、张建伟译,北京大学出版社2014年版,第83页。

② Rule 14a-9(a):No solicitation subject to this regulation shall be made by means of any proxy statement,form of proxy,notice of meeting or other communication,written or oral,containing any statement which,at the time and in the light of the circumstances under which it is made,is false or misleading with respect to any material fact,or which omits to state any material fact necessary in order to make the statements therein not false or misleading or necessary to correct any statement in any earlier communication with respect to the solicitation of a proxy for the same meeting or subject matter which has become false or misleading.

③ 该规则第8条规定,征求委托书之书面及广告,应载明下列事项:(1)对于当次股东会各项议案逐项赞成与否之明确表示;与决议案有自身利害关系时并应加以说明。(2)对于当次股东会各项议案持有相反意见时,应对该公司有关资料记载内容,提出反对之理由。(3)关于董事或监察人选任议案之记载事项:①说明征求委托书之目的。②拟支持之被选举人名称、股东户号、持有该公司股份之种类与数量、目前担任职位,最近三年内之主要经历与公司之业务往来内容。如系法人,应比照填列负责人之资料及所拟指派代表人之简历。③征求人应列明与拟支持之被选举人之间有无法施行细则第二条所定"利用他人名义持有股票"之情形。(4)征求人姓名、身份证字号、住址、股东户号、持有该公司股份之种类、数量、征求场所、电话及委托书交付方式……

规则放在公司及服务代理机构，将委托书内容公告即可。同时，该规则赋予委托人一定的查阅权，委托人有权在股东会结束后7日内，向公司或其服务代理机构查询该委托书的有关情况。如果征集人的投票行为与征集委托书的书面资料及广告记载内容或与委托书的内容不符，则该表决权无效。[①]

(2)征集活动的监管模式

对征集活动的监管分为审批制和备案制，前者是事先实质审查，审查内容包括提案的合法性、主体的资格合法性等，监管机构在审查后做出是否允许征集的决定；后者是形式性审查，只要求将征集材料向监管机构备案，监管机构并不进行合法性审查。

公开征集投票权启动的监管模式主要有审批制与备案制，二者体现了国家对待公开征集投票权的不同态度。在审批制模式下，国家监管机关事先对公开征集投票权活动进行实质审查，审查内容包括征集主体资格、提案合法性、征集目的等，监管机关在审查后做出是否允许征集的决定，在做出决定前不得启动征集投票权活动；在备案制模式下，国家监管机构实行"披露原则"，只要求征集者在征集之前将有关信息向监管机构备案，备案后即可启动征集活动，监管机构并不对征集表决事项及相关资料的真实性、合法性进行事先审查，而仅做形式审查，待出现问题后才进行实质审查。[②] 综观各国(地区)立法，世界绝大多数国家和地区都实行备案制。美国从审批制转为备案制；日本也是不要求对材料进行预先审查的备案制；[③] 我国台湾地区还规定了违反备案要求，则征集行为无效的内容。[④] 美国采取备案制模式，根据美国证券交易委员会《委托书规则》第14a－6条的规定，最终版本代理权征集说明和委托书向证券持有人发出10天之前，应当向证券交易委员会备案五份该最终材料，或者前面规定更短的时间内，基于委员会合理要求进行备案。如果征集者在10天之内未收到委员会的任何消息，则表示其提交的预备文本已经被接受，则可以进行征集活动。与美国要求向证监会备案不同，日本规定征集投票权信

---

① 参见殷召良：《公司控制权法律问题研究》，法律出版社2001年版，第186页。

② 参见伏军：《公司投票代理权制度研究》，载《西南政法大学学报》2005年第4期。

③ See Misao Tatsuta, *Proxy Regulation, Tender Offers, and Insider Trading, in Japanese Securities Regulation*, Louis Loss et al. eds. ,1983 ,p. 164.

④ 我国台湾地区"委托书规则"第7条第6款规定："征求人非于第一项规定期限内将委托书征求书面资料送达公司者，不得为征求行为。"

息披露向当地财政部门备案即可，规则并未要求政府部门对信息披露的内容进行预先审查。此外，日本还规定进行征集活动必须在征集之前或征集时向被征集人提供书面代理权声明。代理权声明应包含规则要求的信息，如影响董事候选人的任何潜在利益冲突等。我国台湾地区采取的也是备案制，事实上，证券监管机构很少介入委托书的征集过程，征集人的委托书征集资料要求被送达被征集公司，同时报送证管会备查，没有送达者，不允许为征集行为。备案制之所以成为各国（地区）监管机构采取的主流模式，是因为其有着较大的优势：其一，节约有限的监管资源，提高监管效率，降低监管成本；其二，放松管制，符合市场经济自由开放的要求；其三，降低启动征集活动的门槛，促进该机制的发展；其四，审批制在前期往往需要很长的时间，使征集人经常错过征集活动的最佳时机，而备案制则有效地解决了这个问题。

（二）公开征集投票权的权限

1. 公开征集投票权的权利范围

美国《委托书规则》第14a－8(d)条①规定，征集人仅能提出一项议案，且所提议案及相关说明总共不能超过500字。该规则第14a－8(f)条②进一步规定必须给予提案股东14日的时间以削减字数至500字。此外，美国投票代理权规则对提案内容的范围也作了限定。该规则第14a－8(i)条③规定了13项公司得拒绝将提案列入公司委托书征求资料的情形，包括违反联邦法律、谋求不当个人利益、议题仅涉及公司上一年度5%以下总资产或收益、超越公司权限、涉及公司日常商业管理事务、公司董事会或管理层人数、分红等。

---

① Rule 14a－8(d): The proposal, including any accompanying supporting statement, may not exceed 500 words.

② Rule 14a－8(f): The company may exclude your proposal, but only after it has notified you of the problem, and you have failed adequately to correct it. Within 14 calendar days of receiving your proposal, the company must notify you in writing of any procedural or eligibility deficiencies, as well as of the time frame for your response. Your response must be postmarked, or transmitted electronically, no later than 14 days from the date you received the company's notification.

③ Rule 14a－8(i): (1) The proposal is not a proper subject for action by shareholders under the laws of the jurisdiction of the company's organization. (2) The proposal would, if implemented, cause the company to violate any state, federal or foreign law to which it is subject. (3) The proposal or supporting statement is contrary to any of the Commission's proxy rules, including rule 14a－9, which prohibits materially false or misleading statements in proxy soliciting materials. (4) The proposal relates to the redress of a personal claim or grievance against the company or any other person, or is designed to result in a benefit to the shareholder, or to further a personal interest, which is not shared by the other shareholders at large...

我国证监会颁布的《上市公司章程指引》也对股东提案的范围作出了限定，如提案内容不违法、不得超出公司经营范围和股东大会职责、有明确议题并以书面形式提出等。

上述限制并非意在压制股东提案权，而是出于效率的考虑。原因如下：其一，由于上市公司股东人数众多，股东大会要通过的议案也为数不少，而大会召开时间却非常有限，为了在短时间内使其他股东了解提案内容，最有效率地完成各项表决，必须对提案字数予以适当限制。其二，提案之例外规定，或者违法违规，或者无关宏旨，或者为公司能力所不能及者，这样的议案即使通过了也无多大的实际意义，若不将其排除在外，将会导致公司治理效率的极大耗损。

2. 公开征集投票权与公司章程的冲突

2013 年 4 月 27 日，武汉锅炉股份有限公司（以下简称“武锅”）的大股东为通过其与阿尔斯通公司的一项关联交易议案的表决推出了一份《公司章程修正案》。此次公司章程的修改直指股东的征集投票权条款，修正案对征集投票权的股东主体资格进行了更为严格的限制，对于持股较少的中小股东而言，在该条款的限制下，其征集投票的权利几乎形同虚设，很难满足征集投票的主体资格条件。

“武锅案”发生之后，国务院办公厅颁布的《加强股东权益保护的若干规定》① 以及中国证券监督管理委员会发布的《上市公司章程指引》（2016 年修订）②［中国证券监督管理委员会公告（〔2014〕19 号）］，均明确规定公司不得对公开征集投票权进行限制。文件发布后，包括“武锅”在内的众多上市公司，纷纷发布章程修正案，取消原章程对投票权征集股东持股比例的限制。

公司章程是公司自治的基础，“是公司存在和活动的基本依据，也是其得以生存的灵魂，公司章程法律效力问题是公司章程理论体系的核心问题”。③ “公司章程的性质问题，实质而言，就是公司章程在制定过程中到底享有多大的自由选择权利。”④因此，由于公司章程任意性的特征，难免会与法定的公开征集投票权相冲突，

---

① 《加强股东权益保护的若干规定》第 4 条第 1 款规定：完善中小投资者投票等机制。……上市公司不得对公开征集投票权提出最低持股比例限制。

② 《上市公司章程指引》（2016 年修订）第 78 条第 4 款规定……公司不得对公开征集投票权提出最低持股比例限制。

③ 何萍：《论公司章程的法律效力》，载《当代经济》2015 年第 5 期。

④ 朱慈蕴：《公司章程两分法论——公司章程自治与他治理念的融合》，载《当代法学》2006 年第 5 期。

对此要把握以下四个原则。

第一,法律对公开征集投票权有强制性规定的,从其规定。法律的强制性规定优先适用于民间规则,此为法律的本质要求,也是法律优先原则的体现。

第二,公司章程构成对股东征集投票权实质限制的,无效。投票权是股东固有的法定权利,也是股东除了分红权外最重要的权利,章程对股东征集投票权进行实质限制事实上剥夺了此种权利,当然无效。

第三,公司章程对法定征集投票权进行轻微限制,或属对法律进行解释或更为细致的规定的,从章程。我国征集投票权相关立法、制度不完善,其规定散见于公司法、证券法以及有关行政法规和规章,且大都为原则性规定,操作性不是很强。这就需要公司章程予以具体化,在操作层面进行具体安排,这就使得股东征集投票权得以落实,因此,章程规定优先于法律法规得到适用。

第四,在无法明显判断二者效力位阶时,由监管机关或司法机关在个案中适用公平、比例原则予以衡量。一些案例中若无法明显作出判断,则必须综合考虑各方面因素,衡量利弊,结合公平、比例原则作出取舍。

(三)公开征集投票权的资金要求

1. 公开征集投票权原则禁止有偿征集

在公开征集投票权过程中,由征集人给予被征集股东一定数额的金钱或实物补偿,称为有偿征集。绝大多数国家(地区)对有偿征集实行本身违法原则,即不需要对实施效果进行个案考量,只要存在有偿征集行为就属违法。例如,纽约州《商业公司法》第609e条规定,股东不得为了获得任何数量的金钱或其他任何有价值的东西而出售自己的投票权或向他人发出授权委托书。我国《上市公司治理准则》第16条第2款①也作出类似的规定。由此可知,无偿征集符合国际通例的规定,可以有效避免"权"钱交易,抑制行贿受贿,维护公司和股东的整体利益,因此有它的合理性。之所以禁止有偿征集,是出于以下考虑:首先,股东权利是一个综合性权利,如果说分红权是一种经济权利,那么投票权则可以称为一种"政治权利",其本质上是一种参与公司管理的权利,不具备经济属性,如果这种"政治权利"可以买卖,则模糊了投票权的本质属性。其次,有偿征集为有雄厚资本的股东争权夺利提

① 我国《上市公司治理准则》第16条第2款规定,投票权征集应采取无偿的方式进行。

供门路,被征集股东为了眼前蝇头小利出卖投票权,使投票权集中在少数人手中,很可能导致共益权被滥用,损害公司长远利益,最终使广大股东利益受损。最后,有偿征集客观上会催生市场上投票权倒卖行为,“这更是扭曲投票代理权的功能,与投票代理权的设立初衷相违”,[①]更严重的是,会出现非股东通过购买投票权控制公司的局面。

但是,对有偿征集一律禁止的做法值得商榷,本身违法原则也存在例外。美国法律传统上禁止有偿征集,但近来法院和立法机构对此问题的立场已发生松动,在1982年“施赖伯诉卡尼案”(Schreiber v. Carney)中,法院认为除非购买投票权是为了欺诈或者剥夺其他股东的投票权,或者行为违反了社会公共利益,否则这种行为是有效的。[②] 就我国而言,“一些上市公司主张,应允许投票代理权的有偿转让,因为它是利益再分配的一种有效方式”。[③]

作为例外的有偿征集也有一些优点,例如,无偿征集下被征集股东往往是理性的冷漠,只关心眼前得失而不管公司治理,因此很难配合征集活动。有偿征集则调动了被征集股东的积极性,积极配合征集活动,使自己的意志通过征集人得以表达,广泛地参与公开征集投票权活动有助于改善公司治理。而且有偿征集是征集人与被征集人意思表示一致的结果,若无违反法律法规或公序良俗的情形,法律不应予以干涉。

笔者认为,在坚持有偿征集违法的基本原则下,应在个案中结合具体情况对少数有偿征集的合法性予以承认。合法的有偿征集的要件为:征集目的是出于公司治理和长远利益,而非为争夺公司控制权;无欺诈行为,履行法定信息披露义务;征集活动不损害社会公益;征集程序合法,手续齐备;征集人给予的价金合理;被征集人对有偿征集有认知,须与征集人达成合意。

2. 公开征集投票权的费用承担

征集者开展征集活动必然会产生大量的费用,而费用的承担问题,多数国家(地区)尚无明确规定。费用承担问题直接关系征集人是否会积极启动征集投票权

① 邱永红:《从胜利股份股权之争案看我国股东委托书征集法律制度的完善》,载中国民商法律网:http://www.jcrb.com/zyw/n7/ca449280.htm,最后访问日期:2018年1月5日。

② 参见[美]理查德·哈森:《购买投票权》,佚名译,载《加利福尼亚法律评论》2003年第88期。

③ 伏军:《公司投票代理权制度研究》,载《西南政法大学学报》2005年第4期。

机制,所以各国(地区)也非常重视这个问题。实践中,公开征集的费用由谁承担取决于不同的征集主体,如果是公司管理层开展征集活动,则由公司承担;如果是非管理层开展征集活动,情况则较为复杂,但归结起来,无非是在公司和征集人之中做出选择,因为让被征集股东承担费用,会扼杀公开征集投票权制度。

对于非管理层进行征集活动,美国在审判实践中确立的由公司承担费用的标准是:第一,征集活动是关于公司政策而非人事问题;第二,征集费用主要是用于信息披露,且征集费用是合理的;第三,征集活动是为了公司整体利益,而非个别股东争权夺利。除此之外,费用由征集人承担。如果征集人属于股东之外的非直接利害关系人,则以其自己名义公开征集投票权的程序费用由非直接利害关系人负担。反之,如果中小股东以自己的名义征集投票权,则由自行负担程序征集费用(但可降低试错成本,且减少委托专业机构代为征集服务成本)。

此外,需要说明的是,若非管理层的征集活动涉及人事选举问题,只有征集活动取得成功,即征集方提出的人选进入管理层,费用才由公司承担,不成功则由征集人自己承担,否则会出现征集人为争夺控制权滥用征集投票权机制,费用却由无辜的公司承担的荒唐局面。

二、公开征集投票权的事中规范

(一)公开征集投票权的信息披露

1.公开征集投票权信息披露的实体性事项

披露事项是信息披露机制的核心部分。而其中,委托书的内容则是信息披露内容的重要方面,美国通过有关规则及附表,对其进行了详细的规定。

美国《委托书规则》[①]附表14A(CFR § 240.14a-101)详细规定了委托代理说明书(proxy statement)[②]中需披露的信息,包括所有委托代理说明书均要披露的信

① 美国委托书规则(Proxy Regulations)主要由美国证券交易委员会根据美国《证券交易法》第14(a)条("为维护公共利益和保护投资者制定的必要")授权规定,包括《联邦法典》14A条例(CFR § 240.14a-1至§ 240.14a-21,共21条)及其附表A(CFR § 240.14a-101 Schedule 14A)。第14(a)条译文参见《美国1934年证券交易法》,张路译,法律出版社2006年版,第277页。

② 根据CFR § 240.14a-3(a),"委托代理说明书"(proxy statement)是指载有附表14A规定信息的单个文件。

息和特定主题委托代理说明书要披露的信息。前者为一般要求，适用于所有征集事由，包括会议时间和地点（Item 1）、委托代理的可撤销性（Item 2）、异议者对提案的评估权（Item 3）、征集者及承担费用的人（Item 4）、与提案由实质利益之人的介绍（Item 5）和投票程序（Item 21）。后者是特殊要求，适用于特定事由，包括选举董事和管理人员选举（Item 7）、董事和管理人员薪酬（Item 8）、独立审计院选举（Item 9）、补偿计划（Item 10）、场外证券发行或授权（Item 11）、证券的变更或更换（Item 12）、合并及类似事项（Item 14）、账目重新声明（Item 15）、董事会述职报告与股东大会报告批准（Item 17）、章程和内部细则修正（Item 19）以及其他事由（Item 20）。[①] 由于上述特定事由均与公司的财务结构有密切关系，是影响中小股东利益的公司治理重要事项，因此，非直接利害关系人的征集事由可参考附表 14A 的规定。

美国委托书授权规则如此细致，是为了指导上市公司制作和披露尽可能详细的委托代理说明书和委托代理卡，[②]更是为了保证中小股东获取充足信息以作出更符合其真意的授权。

除了以上基本事项外，还应注意一些特殊的披露事项，如股东建议的披露。美国《委托书规则》第 14a－8 条就要求一项依据州法有效的股东建议必须包含在管理层的委托书陈述中并附以简要声明解释股东支持某项提议的原因。

此外，披露要求还应依不同议案、不同征集主体而有所区别。在野者和当权者在征集投票权中信息披露的内容及程度要求不同，选举更换董事的议案和其他议案对披露事项的要求也不相同。例如，美国《委托书规则》第 14a－11 条对有关选举或更换董事的议案的投票权征集规定了特别的披露要求——每一参与投票权征集的人须在证交会以及发行公司有证券买卖的交易中心登记备案，提交附表 14A 列举的事项的信息和征集背后有关的财政来源。而在其他议案中可能并无此项要求。

我国台湾地区的"委托书规则"规定投票权征集人在委托书的书面及广告上，应当载明征集人的基本情况如姓名、身份证字号、住址、股东户号、持有该公司股份之种类与数量、征求场所、电话及委托书交付方式；如为法人，应同时载明营利事业

---

① CFR § 240.14a－101 Schedule 14A.

② 两个文件页数通常合计达到 80 页以上，具体可通过美国证券交易委员会 EDGAR 查询。关于查阅美国上市公司公开征集投票权披露的委托代理说明书及委托代理卡的方法。See SEC，"Proxy Statements：How to Find"，available at https://www.sec.gov/fast-answers/answersprox yhtfhtm.html，last visit on 31th Jan. 2018.

登记证号码及其负责人姓名、身份证字号、住址、持有公司股份之种类与数量;如果委托中介机构代为征求,则应披露征求人所委托代为处理征求事务者之名称、地址、电话以及股东各项议案,对各项议案赞成与否,与议案的利害关系等。

当然,将投票权征集行为界定地过于宽泛可能会妨碍股东之间的交流,打击机构投资者的积极性。因此,有必要对投票权征集进行一些限制,使某些并非实质意义的投票权征集的行为被排除在投票权征集之外,免予承担信息披露义务。典型的例子便是美国,美国在其《委托书规则》第 14a - 2 条中就分别以安全港规则和无利害关系人征集规则①来规定了有关豁免信息披露义务的情形。其中,安全港规则主要包括以下内容:类似于证券发行中对于私募发行的若干豁免,对于 10 人以下的私募征集给予信息披露义务的豁免;墓碑式广告征集;②受益人对其证券征集享有代理权。类似规定的还有 1948 年日本证券交易委员会制定的《表决权代理规则》,该规则也对少于 10 人的征集豁免信息披露义务。

2. 公开征集投票权信息披露的程序性要求

在征集投票权制度中,如果征集人进行了虚假、误导性的披露,应当承担何种法律责任,基于虚假披露所取得的投票代理权是否当然无效,也是必须要考虑的问题。由此,在构建征集投票权的限制机制时,应当遵循禁止欺诈原则,建立虚假、误导性披露的标准,违法征集行为的效力认定,违法征集者的法律责任的制度。

委托书及相关资料的格式的严谨性能够保障披露信息的完整性与规范性,而明确的信息披露途径则对于实践操作提供具体的指导。二者对于信息披露机制的建立与完善至关重要。

在美国,对于委托书本身的格式,《委托书规则》第 14a - 4 条规定必须用粗体字表明该委托书是否以发行公司管理层的名义征集,应向被征集人提供投票支持或反对提议的机会,在选举董事情形下允许股东提名候选人。对于披露途径,《委

---

① 无利害关系人征集规则的基本内容为:对同时符合下列条件的征集行为豁免信息披露义务:(1)任何人或任何人的代表的征集行为,其在征集期间内并不直接或间接地自己或其代表的人寻求代理投票的权利;(2)其并不提供,或代理他人提供任何撤销、同意或授予代理权的文件。但下列人员不适用:①公司及其管理人员;②被提名的董事候选人;③反对一项特别交易的人,而其是替代交易的当事人或其关联方;④在征集所涉事项中有实质性经济利益,而且一旦征集成功将取得超过其持股比例的收益;⑤上述任何人的代表人。

② 墓碑式广告征集是有关人士通过简要的通知进行的征集。这种通知的内容仅限于指明股东可以取得委托征集材料和委托书的地点、时间,并同时说明发行公司的名称、发布广告的原因,并概括说明有关提案。对于墓碑广告本身,有关征集人无须履行进一步的信息披露义务和备案要求。

托书规则》第14a－5条规定了在一般情况下，委托书陈述及委托书表格的5份预备复印件应该在其散发给股东的10个工作日前向证监会登记备案。在公开征集时则通过委托书、委托书声明等文件向股东披露必要事项。

在我国台湾地区，就格式而言，委托书除征求人于征求时提出系为解任董事或监察人之目的外，应加注“征得之委托书不作为临时动议提出或参与表决解任董事或监察人之用”等字样，以限制委托书的使用范围。就披露途径而言，公开发行公司须披露的信息通过委托书、议事手册两大部分展现。对于委托书，应该由公开发行公司于寄送开会通知时，一同寄达记名股东手中。对于议事手册，则应于股东大会10日前，将议事手册、年报、营业报告书、其他会议补充资料陈列于公司及其服务代理机构，以供股东随时查阅。而征求人须披露的事项主要通过征求委托书之书面及广告向征集人披露。

（二）公开征集投票权的公平竞夺

公开征集投票权有沦为股东争夺公司经营权的工具的倾向。因为征集事项多是有关公司章程的修改、选举董事会成员和监事会非职工代表监事及与公司资产有关的重大事项。董事会决定公司的经营计划和投资方案，监事会对董事、高级管理人员执行公司职务的行为进行监督。也就是说，董事监事在公司经营中起着非常关键作用。股东征集人在通过公开征集投票权来影响董事监事的选举的同时，也在间接影响公司的经营。此外，对公司资产相关议案的表决更加直接地影响公司经营状况。由此可得出股东征集人可以通过公开征集投票权来影响公司经营，如果股东征集人心存恶意，那么公开征集投票权制度就极易沦为他们破坏公司治理、为自己牟取利益的工具。然而，我国的法律没有对股东征集人作出明确的规定，这就给了那些恶意竞争者以争夺的空间，从而影响公司的正常经营。

在实践中，征集投票权往往是股份收购的前置手段，恶意收购者可能会通过征集投票权争夺对公司的控制权，对公司原有股东造成利益损害。如胜利股份发生的征集投票权争夺案，当时通百惠公司通过竞买获得胜利股份13.77%的股份成为第一大股东，原第四大股东胜邦反击，通过受让多家法人股份将比例上升至15.34%。为了夺得对公司的控制，通百惠公司发布公告公开征集委托投票权，希望得到中小股东支持，推举更多的董事。结果以通百惠公司失败，原有股东守卫成功告终，但这次外部收购者想要通过征集投票权控制公司的行为被以后多家公司所借鉴。对征集投票权加以限制,如限制股东持股时间能够一定程度避免恶意收购。

(三)公开征集投票权与公司自治

在美国,公开征集投票权的成本巨大,①不愿或不能负担征集费用的中小股东往往选择股东提案的方式发出声音。② 所谓股东提案,是指股东打算在股东大会上提出的或支持他人提出的关于公司和/或其董事会采取行动的建议或要求,如果股东提案被置于公司委托代理卡上,公司也必须在其上提供投票方框。③ 为防止股东滥用提案权,美国《委托书规则》规定上市公司可以排除14种不恰当的提案,④其背后的政策考量分别是防止股东提案本质违法、提案没有价值或不能为其他股东分享、超出公司权利与目的和妨害公司自治。借鉴美国的提案排除规则,非直接利害关系人公开征集投票权时,要特别防止恶意骚扰公司或者漠视商业判断规则(Business Judgement Rule),⑤即避免如下干预公司自治的行为。

首先,非直接利害关系人重复、频繁针对某一公司启动征集活动。这是指非直接利害关系人就某一事项已经征集过投票权,但是征集目的未能达成,在法定期间内,其又就相同或实质类似事项进行征集活动。⑥ 其次,非直接利害关系人对公司正常经营活动有关的事项启动征集活动。"某些任务对于管理层日常经营公司的

---

① 有学者称,"学在战役开始之前费用已经达到七位数多"。参见[美]路易斯·罗思、乔尔·赛里格曼:《美国证券监管法基础》,张璐等译,法律出版社2008年版,第397页。

② 在美国,有学者对股东提案的有效性提出质疑,"在实际中,即使在征集资料中包括了大多数股东建议,也不会使管理层有多大的损失,因为事实上股东建议几乎没有成功的机会,而且通常只能得到少于3%的投票"。See Carol Goforth,"Proxy Reform as a Means of Increasing Shareholder Participation in Corporate Governance: Too Little, But Not Too Late",43 *Am. U. L. Rev.*, pp. 379,466 (1994).

③ CFR § 240.14a-8(a).

④ CFR § 240.14a-8(i). 这14项分别是在州法下不适当;违反法律;违反委托代理规则;个人损害与特别利益;与公司营业不相关;公司缺乏执行该提案的权力或职权;管理层职能;涉及选举;与公司提案冲突;已实质获得实施;重复;反复提交;特定数量的红利。

⑤ 商业判断规则是存在于普通法系的一项基本商法原则,其核心思想是独立和利益不相关的董事基于合理考量作出的善意抉择,即使是错误的甚至是灾难性的也可以得到豁免。商业判断规则的条件有:第一,作出决议的董事没有任何个人利益(in good faith);第二,决议建立在合理调查和认真思考的基础上(acted on an informed basis);第三,他们真诚地相信决议符合公司的根本利益和长期发展(in the honest belief that the action was taken in the best interests of the company)。这一条件是由诸多案例发展而来,如Aronson v. Lewis,473 A. 2d 805,812 (1984)。

⑥ 可以参考CFR § 240.14a-8(i)(12)的规定,即"如果该提案涉及的主题实质类似于另一个或几个在前5个日历年度中已经被包括在公司委托代理材料中的提案,则公司可以再该提案属于一项情况时,从最后受到该提案时起3个日历年度举行的任何会议的委托代理材料中排除该提案:前5个日历年度中任何一年中提交时获得的表决书不足3%;前5个日历年度中若两次提交,最后一次向股东提交时获得的表决权不足6%;或前5个日历年度中若提交三次或三次以上,最后一次向股东提交时获得的表决权不足10%"。

能力是如此根本,以至于不能像一些特定事项一样受制于股东的直接监督",[①]如果非直接利害关系人对这些事项,如劳动力的日常管理和供应商的保护,征集投票权将会干扰公司治理。此外,非直接利害关系人提出超出公司权力的事项,例如,基于道德考量,要求公司改变经营范围等[②]也属于恶意骚扰公司的行为。

三、公开征集投票权的事后规范

(一)征集人的虚假陈述责任

1. 征集人虚假陈述的表现形式

在我国,证券法、公司法等相关法律规定并未对征集人的虚假陈述责任予以规定。可以参照证券市场中对虚假陈述的相关规定来确立公开征集投票权公告书中可能涉及的虚假陈述的认定要件及侵权责任。《关于虚假陈述的司法解释》对虚假陈述行为做了虚假记载、误导性陈述、重大遗漏和不正当披露四种分类。[③] 而在公开征集投票权制度中暂时不涉及不正当披露的问题,因为公司法、证券法及证券管理部门还未对公开征集投票权的信息披露作出系统性规定。因此,在讨论征集人的虚假陈述侵权责任认定和表现形式时,本篇暂时不对不当披露做出假设性讨论。

2. 征集人虚假陈述的认定要件

在美国,"虚假或误导性陈述"规则[④]构成证券默示诉权。[⑤] 证券市场虚假陈述构成侵权须满足 4 个要件,即重大事实(material fact)、损害、因果关系和可责性。其中,重大性是指所提供的信息"极有可能被一个理性的投资者在决定是否购买或

---

① [美]路易斯·罗思、乔尔·赛里格曼:《美国证券监管法基础》,张璐等译,法律出版社 2008 年版,第 411 页。

② 20 世纪 70 年代,美国"Campaign GM"潮流中,道德投资者们提出诸多道德议案,如"要求化学公司停止制造凝固汽油"[See Medical Comm. For Human Rights v. SEC,432 F. 2d 659,681 (D. C. Cir. 1970)]等。Campaign GM 潮流实际上是消费者保护、反战和法律改革的全面运动,旨在强化公司社会责任。

③ 参见《关于虚假陈述的司法解释》第 17 条。

④ CFR § 240. 14a – 9.

⑤ 美国证券交易法规定了明示诉权和默示诉权,前者指法律明文规定可以提起诉讼的情形;后者指法律未规定但通过判例解释出来的诉权。CFR § 240. 14a – 9 是法院最先承认的默示诉权。"如同在反托拉斯法中的三倍损害赔偿金一样,在强制执行委托书规则中,民事损害赔偿或禁止令是最有效的武器。……法院的义务是保持警觉,提供必要的救济,以实施国会目的。"See J. I. Case Co. v. Borak,337 U. S. 426,12 L. Ed. 2d 423,84 S. Ct. 1555,1559,1561 (1864).

出售登记的证券时认为是重要的”。[①] 可责性是指疏忽,但是不排除特定情况下须为故意(scienter)。[②] 尽管非直接利害关系人不必“像对待幼儿园的孩子那样向股东发表意见”,[③]但其应当对重要事实进行公正和坦率的披露,否则将违背中小股东的真实意愿。参照美国以及我国侵权责任法的规定,征集人虚假陈述行为有四个构成要件,分别是重大虚假陈述行为、主观过错、损害结果和因果关系。但是不同类型的虚假陈述对应的认定要件也有细微的差异。

(1)故意与过失的差异性认定

参照证券市场关于虚假陈述的分类,公开征集投票权公告可能存在虚假记载、误导性陈述和重大遗漏三种虚假陈述。[④] 征集人将不存在的事实记载入征集公告中,是一种虚假记载,是征集人主动、积极作为的一种虚假陈述行为,主观上表现为故意。在征集投票权的公告书中一旦发现有虚假记载,存在不符合事实的记载,即可反推认定征集人的主观故意。如果征集人在征集公告中做出使中小股东对授权委托行为发生错误判断,并因此产生重大影响的陈述,则应认定为误导性陈述。一般情况下,误导性陈述的内容是真实的,只是由于陈述的方式容易让中小股东产生错误认识及判断,而将投票权委托给征集人,并因此导致自身的权益受到重大影响。这种误导性陈述既可能是征集人有意为之,又可能是征集人过失所导致的。与误导性陈述的主观类似的是重大遗漏,征集人在征集公告中,未将应告知的事项告知或部分告知,该行为可能是征集人故意选择性的告知,也可能是由于过失,是在工作中一种消极不作为的态度导致的重大遗漏。

对于征集公告中存在的误导性陈述或重大遗漏,它们涉及的主观过错的判断标准,笔者认为,可以参考美国联邦最高法院在“亚伦诉美国证监会案”(Aaron v. SEC[⑤])中误导性陈述和重大遗漏明确支持“疏忽”即过失标准,美国联邦最高法院、

---

① CFR § 240.12b-2. 在“SC 工业公司诉北路公司案”中,法院认为重大性指“一个理性的股东在决定如何表决时,将(would)认为被遗漏的信息是重要的”。See TSC Industries, Inc. v. Northway, Inc. 426 U.S 438, 444 A. 50 (1970).

② “尽管这并不意味着在 14a-9 规则项下的诉讼中用不要求存在违法故意,但是诸多考量使我们相信,在这一案件中的情形下要求原告证明违法故意是不适当的。”See Gerstle v. Gamble-Skogmo, Inc. 478 F. 2d 1281, 1300 (2d. Cir. 1973)。

③ See Richard v. Crandall, 262 F. Supp. 538, 554 (1967).

④ 参见廖升:《虚假陈述侵权责任之侵权行为认定》,载《法学家》2017 年第 1 期。

⑤ Aaron v. SEC, 446 U.S. 680, 100 S. Ct. 1945, 64L. Ed. 2d(1980), 611.

上诉法院和众多地区法院认为依据《委托书规则》第 14a－9 条提起诉讼不需要证明故意。法官是基于证券法律以保护中小股东为一贯宗旨的，他们认为采纳过失的标准相较故意更加强调对中小股东的尽职尽责。公开征集投票权公告中的误导性陈述和重大遗漏等主观认定标准可以参见美国联邦法院的判例，征集人主观标准为过失。因为征集人在整个公开征集投票权的过程中处于主导地位，掌握着主动权，理应在拟定征集公告的过程中认真而负责，对征集公告内容的真实性、准确性和完整性负责。如果因为征集人过失导致中小股东对公告的内容产生错误判断，或者是遗漏重大信息误导了中小股东，那么就可认定征集人没有尽到职责。

（2）错误陈述或遗漏之“重大性”的判断

在证券市场中对虚假陈述“重大性”的判断主要有股价敏感性和投资者敏感性两大标准，股价敏感性标准显然与公开征集投票权无关，中小股东的投票权与上市公司的股价通常不具有直接关联性，而投资者敏感性的判断标准与征集公告中虚假陈述的“重大性”判断可能有契合之处。“一个正常的谨慎的人，在购买注册证券前应当被合理告知的信息。”这是美国证券委员会在制定证券规则 405 时对虚假陈述判断标准“重大性”的表述，是基于理性投资者的假设，一个理性的投资者在作出投资决策时可能认为某一事实重要，那么这个事实就具有了“重大性”。公开征集投票权公告书中的错误陈述或遗漏的“重大性”判断标准，可以参照投资者敏感性理论。如果征集公告中出现的错误陈述或遗漏情况仅是一般性的，没有实质影响到理性的中小股东作出授权委托的决定，那么这种错误陈述或遗漏就不应认定为一种侵权责任。如果理性的中小股东基于征集公告书中的错误陈述或重大遗漏作出了错误的判断，导致中小股东将投票权委托给征集人，那么征集人就因为虚假陈述构成了侵权。

对于征集公告书中错误陈述或遗漏“重大性”判断的探索，可以从美国的“牵引力控制公司诉诺斯为公司案”（TSC Industries Inc. v. Northway Inc.）中获得启示，案中强调“如果一个理性投资者很可能在决定如何投票的时候认为该事实是重要的，那么该遗漏的事实便是重大的”，[①]可见“重大性”的判断标准应该是以正常的、理性的中小股东为基础来判断征集公告中错误陈述或重大遗漏的“重大性”，进而

① TSC. Indus. v. Northway，426. v. s. 438，96. s. ct. 2126（1976）.

判断征集者是否对中小股东构成侵权。

(二)征集人的违约责任

1. 征集人违约的表现形式

征集人通过公开发布征集公告的形式获得中小股东的授权委托书,征集人与股东之间就形成了一种代理关系,授权委托书即是这种代理关系的法律形式。有关委托代理的理论最早是由 Jensen 和 Meckling 于 1976 年提出的,该理论是在非对称信息博弈论的基础上提出来的。[①] 委托代理理论认为,当存在"专业化"分工时可能出现委托代理关系,代理人因其具有的"专业性"而拥有的信息比委托人多,进而在处理委托事项上具有相对优势。[②] 在非对称信息博弈中,委托人不能直接观测到代理人的行为,只能通过观察代理人行动变量的变化来判断代理人是否尽职尽责,是否违反代理契约。在公开征集投票权制度中,代理人行动变量主要体现在是否按照约定履行委托。征集人违反约定的表现形式可以分为征集人怠于履行委托义务以及违反委托内容两种。前者表现为征集人不出席股东大会,后者表现为违反授权自行决定如何使用表决权。

2. 征集人违约的认定要件及责任

征集人通过公开征集的方式获得中小股东的授权委托后,应严格按照征集公告和委托书按时出席股东会和行使表决权。[③] 如果征集人未能按照约定出席股东大会,将使中小股东失去表决的权利,而表决的权利通过授权委托协议已经转移给了征集人(代理人),征集人怠于履行义务而导致委托人利益受损即构成违约。我国台湾地区规定,代理人取得委托后,未按照委托人的要求或委托协议的规定出席股东大会,怠于履行义务的,需要承担因此造成的一切不利于委托人的后果,需要承担违反委托协议的违约责任。在公开征集投票权制度中,征集人怠于履行授权委托书,不仅违反了委托协议,还违反了征集公告的承诺,是一种双重的违约,可以根据造成损害的大小选择违约责任的承担方式。

征集人获得投票代理权后,不遵照授权委托书的内容,自行决定如何使用表决

---

① 参见汪源智:《代理法论》,北京大学出版社 2015 年版,第 23 页。

② See Ross S. ,1973,"The Economic Theory of Agency:The Principal's Problem", *American Economic Review* 63,134 – 139.

③ 参见《民法总则》第 164 条的规定,即代理人不履行或者不完全履行职责,造成被代理人损害的,应当承担民事责任。

权，其本质上是一种违约行为。[①] 对于征集人违约行使的投票权对公司决议效力的影响，通常有两种主张：一种认为，征集人违反委托协议做出的投票决定仅与授权的股东有关联，对公司的决议效力不产生任何影响，韩国和日本普遍采用此种处理方式；另一种认为，征集违反委托协议作出的投票权决定不仅与授权股东有关，还会影响到公司决议的效力，比如，我国台湾地区就有如下规定："征求人的投票行为，如果与委托书记载的内容或委托人要求的内容不符合时，该代理行为下的表决权是无效的，公司可以直接拒绝采纳投票结果。公开发行公司可以拒绝发给当次股东会各项议案的表决票。但假如出现了表决权不予计算的情况时，应当重新对表决权进行计算。"[②]征集人违反约定进行投票是否涉及公司决议的效力，本篇认为还需要进一步详细的分析。在通常情况下，授权委托书中会列出所有议案的名称以及赞成、反对和弃权的选项，征集人会获得明确的书面指示，如果公司在股东会决议监票过程中发现或应该发现征集人擅自违约行为而未提出质疑，则会导致决议存在瑕疵。如果公司在监票过程中没有发现征集人擅自违约的行为，无过错地履行了监票义务，则征集人的违约行为不应对公司决议产生瑕疵效力。

---

① 参见梁上上：《论股东表决权——以公司控制权争夺为中心展开》，法律出版社2005年版，第211页。

② 闻丽英：《我国股东投票权征集制度探析——以美国与台湾地区立法为借鉴》，载《西安财经学院学报》2014年第1期。

第五章　我国公开征集投票权规范的完善建议

一、规范我国公开征集投票权的总体思路

(一)鼓励公开征集投票权的实践运用

“中小股东通常被理解为对发行人的事务没有实质性控制权或影响力的股东。”[①]在股权分散的现代公司,无法直接参与公司日常经营管理的中小股东可以充分利用公开征集投票权,将分散的投票权集中起来,在股东大会上作出共同的意思表示,进而取得表决优势,提高在股东大会上的谈判能力,表达出中小股东在公司经营与决策中的利益诉求,使中小股东也可以通过公开征集投票权形成对在位管理层的制约。同时,公开征集投票权具有化零为整的特点,且相较在二级市场上收购股份取得股东大会的表决权的方式而言,其成本更加低廉,能够有效优化公司的治理结构。

(二)鼓励非利害关系人维护中小股东权利

实践中,要鼓励专业机构作为非利害关系人维护中小股东权利的实践。作为法定的维护中小股东合法权益的主体,非直接利害关系人公开征集投票权不仅要着眼于事后救济,更要立足于事前预防功能的发挥。前者是指上市公司被披露违法行为后,非直接利害关系人应当及时发声,通过公开征集投票权等方式维护中小股东合法权益。后者是指非直接利害关系人应当担任“私人检察总长”(private

① See IOSCO,“Protection of Minority Shareholders in Listed Issuers”,6 (2009), available at http://www.iosco.org/library/pubdocs/pdf/IOSCOPD295.pdf,last visited on 2nd Feb. 2018.

attorney general)，[1]密切关注上市公司治理状况，发现问题及时提出，必要时通过公开征集投票权维护中小股东合法权益。

1. 事前预防公司侵害中小股东的违法行为

第一，主动参与股东大会，关注上市公司披露公告，及时发现潜在问题，必要时公开征集投票权。上市公司欺诈发行、虚假披露，侵害投资者权益的违法行为时有发生。但是，上市公司披露的年报等文件具有专业性，财务数据造假具有隐蔽性，而普通投资者又多缺乏专业知识和鉴别能力，难以发现潜在问题。我国实践中违规信披的典型案例是2014年的“金亚科技虚假信披事件”。

金亚科技股份有限公司(金亚科技)通过“两套账”和集体作案，公司2014年年报虚增超过8000万元的利润总额和2亿元银行存款，同时还虚列逾3亿元预付工程款，实现扭亏。自2015年8月金亚科技被立案调查后，历时2年多，金亚科技信披违法违规一案最终尘埃落定。其实早在2009年10月14日，著名网络财务杀手夏草就曾现身金亚科技路演现场，针对公司收入、毛利、回款、折旧等方面连发七问，却被公司高级管理人员搪塞过去。民间的质疑也没有引起证监会的重视，金亚科技不仅成功上市，而且在股市演绎了6年多的财富神话。[2]

“阳光是最好的防腐剂，街灯是最好的警察”，[3]只有公开才能有效杜绝证券市场的舞弊行为。通过金亚科技违规信披事件可以发现两个问题：其一，仅凭证监会是难以及时发现上市公司违规信息披露乱象的。金亚科技事件中，证监会既未能在其虚报利润时立即发现，也未能对民间质疑声音给予足够重视。两相结合，金亚科技才能演绎6年多的财富神话。可见，单纯依靠政府部门的力量，可能放纵不少

---

① 所称“私人检察总长”侧重于非直接利害关系人监督上市公司治理、维护中小股东利益的功能，不同于该词本义。在美国，“私人检察总长”指代表一个或一群公民提起保护公共利益诉讼(有益于一般社会公众而非仅为原告)的私人律师的非正式用语。根据法院裁量，胜诉律师可以免除或减少律师费，这是为了给私人律师提供额外激励以提起诉讼维护公共利益。联邦上诉法院第二巡回法庭法官弗兰克在“纽约州联合工业公司诉伊克斯公司案”中最早提出“私人检察总长”概念。该案中，法官弗兰克否决被告对原告起诉资格的动议，并认为“宪法没有禁止国会授权任何人，无论其为官员或平民，对此种争议提起诉讼，即使起诉的唯一目的是维护公共利益”。此时，被授权者可以被称为“私人检察总长”(private Attorney Generals)。See Associated Industries of New York State Inc. v. Ickes, 134 F. 2d 694, 704 (2d Cir. 1943).

② 参见董兴：《金亚科技遭夏草连发七问见“财务杀手”现身路演现场》，载和讯网：http://stock.hexun.com/2009-10-14/121338489.html，最后访问日期：2018年1月22日；《夏草现身路演现场金亚科技遭尴尬“七连击”》，载和讯网：http://stock.hexun.com/2009-10-15/121352425_6.html，最后访问日期：2018年1月29日。

③ [美]路易斯·D. 布兰代斯：《别人的钱：投资银行家的贪婪真相》，胡凌斌译，法律出版社2009年版，第53页。

“漏网之鱼”。其二,仅凭民间个别力量难以及时解决上市公司违规信息披露问题。金亚科技事件中,被称为上市公司“杀手”的民间打假专家夏草很早就发现公司财务作假问题,并在路演现场“叫板”金亚科技,此举曾一度引起中小股东的高度关注,却因证监会的忽视和金亚科技高层的敷衍而不了了之,导致无法杜微防渐,中小股东最终遭受了巨大损失。

非直接利害关系人公开征集投票权可以填补证监会监管缺位,放大民间声音,从而及时阻遏上市公司违规信息披露歪风。在上市公司无所不用其极地造假时,期待证监会通过事前审查发现一切违法行为是不切实际的;在民间声音微弱时,苛求证监会倾听所有质疑亦是不合现实的。非直接利害关系人代表民间最强音,倘若其能在发现违规造假苗头时就通过公开征集投票权,提出临时议案或召开临时股东大会,针对公司财务问题行使投票权和质询权,就能尽早集中民间力量、引起发官方关注,从而使“金亚科技们”尽早现出原形。

第二,主动关注董事、独立董事与监事履职情况,对不称职的董事、独立董事等公开征集投票权进行罢免。董事、独立董事不称职的典型例子是＊ST慧球信息披露混乱事件。

2016年以来,广西慧金科技股份有限公司(＊ST慧球)信息披露和规范运作重大违规,公司隐瞒披露实际控制人,拒不披露重要股东权益变动情况,多次蓄意对外泄露重要未披露信息,信息披露管理处于失控状态;公司董事会多项重大事项决策违规,侵害上市公司利益,公司治理机制和内控制度完全失效;尤其是蓄意编制含有1001项议案的股东大会通知,更甚者欲将钓鱼岛归属等涉及国家主权事项作为议案提交股东大会审议,无视信息披露基本义务和基本规范,公然挑衅信息披露规则的严肃性和权威性,影响极其恶劣。＊ST慧球也成为我国目前为止唯一一家因信息披露违规而被实施ST处理的上市公司。[①]

英国政治家埃德蒙·柏克(Edmund Burke)曾言:“良好的秩序是一切美好事物的基础”,[②]＊ST慧球如此蓄意挑战监管底线,破坏证券市场秩序,可以想象其将中

① 参见《关于＊ST慧球对相关违规行为整改情况的答记者问》,载上海证券交易所网:http://www.sse.com.cn/disclosure/credibility/supervision/dynamic/c/c_20170908_4387452.shtml,最后访问日期:2018年1月29日。

② “Good order is the foundation of all good things.” See Edmund Burke, *Reflections on the Revolution in France, And on the Proceedings in Certain Societies in London Relative to that Event*, 359 (London: Allen & Unwin, 5th ed. 1985).

小投资者权益置于何地。“1001 项议案”的闹剧深刻反映了＊ST 慧球公司治理乱象，董事长、董事、独立董事和监事集体作案，不但未勤勉尽责，未督促公司落实监管要求、规范运作并按规定履行信息披露义务，还直接实施了相关违法行为：时任公司董事长和实际控制人的顾某甲是信息披露工作的直接领导人和第一责任人，时任董事长的董某甲也是信息披露违规的直接领导人，时任董事会秘书的陆某某、时任董事的温某某参与“1001 项议案”起草工作，时任董事的温某某、时任独立董事的李某某和刘某甲在审议相关“1001 项议案”的董事会上投赞成票，时任独立董事的刘某乙和时任监事的顾某乙对公司治理结构出现的重大变化和人员变动完全知情，但未能勤勉尽责并保证公司信息披露真实。时任监事的潘某某、董某乙和顾某丙虽为直接参与或积极支持公司相关违规行为，但在上交所多次问询时未尽勤勉义务，而是消极应付。①

＊ST 慧球公司治理混乱积弊已久，“1001 议案”不过是一场集中爆发。值得反思的是，＊ST 慧球此前多次违规变动董事、监事和高管，长期隐瞒公司实际控制人，却无一人指出管理层、独立董事和监事的失职渎职，可见我国上市公司日常监督的缺漏。

“恶不可积，过不可长。积恶长过，丧乱之源也。”②某种程度上，上市公司损害中小股东权益的根源在于公司治理结构的不规，现任管理层为所欲为，监事和独立董事漠然视之甚至为虎作伥。非直接利害关系人在日常监督上市公司的工作中，如果发现董事、独立董事、监事、高管不尽责，应当及时采取公开发声③和公开征集投票权的行动，提出董事、独立董事和监事罢免议案。

2. 事后救济中小股东的合法权益

防患于未然固然最优，但亡羊补牢亦不会过晚。相比事前预防违法之患，事后补救中小股东权益可能是非直接利害关系人发起征集活动的更频繁和常见的原因。

---

① 参见《上海证券交易所纪律处分决定书》(〔2017〕26 号)。

② (西晋)陈寿：《三国志》，浙江古籍出版社 2000 年版，第 852 页。

③ 例如，针对＊ST 慧球 1001 议案事件，投服中心在媒体公开发声，围绕“董事会忠实勤勉的义务和操守何在”“监事会如何履行监督职责”“董秘如何履行信息披露职责”“相关信息如何被泄露”等内容四问公司。参见朱凯：《再出乱象引众怒投服中心四问 ST 慧球》，载新浪网：http://finance.sina.com.cn/stock/t/2017-01-09/doc-ifxZkfVn089 7036.shtml，最后访问日期：2018 年 1 月 22 日。

截至2018年2月5日,我国上市公司共有3504家,其中A股3487家(深圳证券交易所上市2099家,其中A股2088家;上海证券交易所上市公司1405家,其中A股1398家)。[①] 苛求非直接利害关系人在事前即发现数量如此众多的上市公司存在的治理弊端是不切实际的。何况,完善上市公司治理是一个大命题,与其依靠非直接利害关系人公开征集投票权进行个别监督,不如依靠完善和落实法律法规中的信息披露制度谋求整体改善。虽然事先预防非常重要,但非直接利害关系人更可能因为已经引起监管部门或中小股东注意的证券市场典型违规行为而发起公开征集投票权活动。这要求非直接利害关系人密切关注证券市场上侵害中小股东权益的典型事件,通过公开发声、公开征集投票权等方式维护中小股东合法权益。此外,非直接利害关系人在处理中小股东与上市公司之间的民事争议过程中,如果发现上司公司董事、独立董事或监事执行业务时有重大损害公司的行为或存在违反法令或章程的重大事项,也可以通过公开征集投票权提出罢免议案。

二、规范我国公开征集投票权的具体进路

(一)明确我国公开征集投票权的法律规则

1935年年底,美国SEC根据1934年《证券交易法》的授权,制订了第一部有关委托书征集的规则。1938年SEC颁布了更为详细的"Regulation 14",1995年这部规则更名为"Regulation 14A",其中包括了15项规则,22类应当披露的信息。[②]

日本也颁布了一系列关于信息披露问题的法律规定。1948年日本根据《证券交易法》第194条规则颁布了监管投票权征集的规则,[③]1974年日本国会颁布《特别审计法》,要求股东超过1000人的公司应将披露信息附在股东大会会议通知内,内容标准应符合司法部的有关规定。[④] 此外,日本商法典还规定了股东建议权、股东

---

① 参见深圳证券交易所:《市场数据》,载深圳证券交易所官网:http://www.szse.cn/main/marketdata/jypz/colist/,最后访问日期:2018年2月5日;上海证券交易所:《股票数据总貌》,载上海证券交易所官网:http://www.sse.com.cn/market/stock data/statistic/,最后访问日期:2018年2月5日。

② See Frank H. Easterbrook& Daniel R. *Fischel*, *the Economic Structure of Corporation Law*, Harvard University Press (1991).

③ 参见《日本证券交易委员会规则》([1948]第13号)。

④ 参见王浩:《从日本债权法修正看表见代理制度中本人归责要件问题》,载《北航法律评论》2012年第1期。

检查权等权利。

针对我国目前相关立法缺乏专门、系统规定以及立法层级偏低的特点，笔者认为，我国应与时俱进，弥补投票权征集领域的立法空白，在证券法和公司法中对投票权征集行为及信息披露作出一般性规定。例如，可在《证券法》第三章“证券交易”第三节“持续信息公开”中明确将委托书征集活动为上市公司信息披露义务的一项重要内容，同时在第四节“禁止的交易行为”中将委托书征集活动中的内幕交易及其他欺诈行为纳入违法行为之中。再进一步通过证券法授予证监会根据实践出台更为详细的《公开征集投票权行为条例》，为投票权征集实践活动提供更具可操作性的规范。

(二)确立投服中心公开征集主体的法律地位

承认第三方法定机构的征集主体地位，通过分析我国立法和实践中公开征集投票权既有主体的缺陷，考量德国“团体”模式和美国“代表人”模式在我国适用的困境，以及顺应我国投服中心将“公开征集投票权”作为其未来持股行权方式的发展趋势，本篇得出如下结论：我国应当明确构建以投服中心为唯一法定主体的非直接利害关系人公开征集投票权制度。但我国现行法律与政策均未明文规定投服中心征集主体的法律地位。对此，有解释现行法、修订现行法和制定专门法律三种解决方式。

1. 通过解释或修正现行法确立投服中心征集主体地位的缺陷

“我们有一种比较明显的倾向，就是遇到问题，就谴责我国立法不足，然后就要求进行专门立法。这种遇到问题就盲目寻求立法的思维，通常是对于现行法认识理解不足导致的。”[①]我们在构建投服中心作为征集主体的法律依据时，应当首先考察我国现行法律，优先选择解释或修订的路径。只有现行法律本身具有较大缺陷时，才能进一步考虑专门立法的可行性。表4 归纳了我国现行立法中涉及公开征集投票权主体制度的条款。

① 杨立新：《江歌事件应当在〈民法总则〉框架内解决》，载中国民商法律网：http://www.civillaw.com.cn/bo/t/?id=33351，最后访问日期：2018 年 2 月 1 日。

表 4　我国公开征集投票权主体制度法律法规

法条	名称及文号	制定机关	层级
第 106 条　股东可以委托代理人出席股东大会会议,代理人应当向公司提交股东授权委托书,并在授权范围内行使表决权	《公司法》	全国人大常委会	法律
未规定	《证券法》	全国人大常委会	
第 65 条　股票持有人可以授权他人代理行使其同意权或者投票权。但是,任何人在征集 25 人以上的同意权或者投票权时,应当遵守证监会有关信息披露和作出报告的规定	《股票发行与交易管理暂行条例》	国务院	行政法规
(十八)强化上市公司监管。有关部门要完善相关法律法规体系,抓紧制订上市公司监管条例,积极推进相关法律的修改,为广大投资者维护自身权益和上市公司规范运作提供法律保障。要进一步加强上市公司监管制度建设,建立累积投票制度和征集投票权制度,完善股东大会网络投票制度、独立董事制度及信息披露相关规则,规范上市公司运作	《关于提高上市公司质量意见的通知》	国务院	
第 40 条　上市公司召开股东大会审议股权激励计划时,独立董事应当就股权激励计划向所有的股东征集委托投票权	《股权激励管理办法》	证监会	部门规章
第 59 条　任何有权出席股东会议并有权表决的股东,有权委任一人或者数人作为其股东代理人,代为出席和表决	《关于执行〈到境外上市公司章程必备条款〉的通知》	证券委(已变更) 经改委(已变更)	部门规范性文件

续表

法条	名称及文号	制定机关	层级
五、上市公司应当充分发挥独立董事的作用 (一)为了充分发挥独立董事的作用,独立董事除应当具有公司法和其他相关法律、法规赋予董事的职权外,上市公司还应当赋予独立董事以下特别职权……6. 可以在股东大会召开前公开向股东征集投票权	《关于建立独立董事制度指导意见》	证监会	部门 规范性文件
第16条　上市公司董事会、独立董事和符合有关条件的股东可以向上市公司股东征集其在股东大会上的投票权。……投票权征集应当采取无偿的方式进行,并向被征集人充分披露信息	《上市公司治理准则》	证监会 经贸委(已变更)	
第1条　(三)上市公司应切实保障社会公众股股东参与股东大会的权利。股东可以亲自投票,也可以委托他人代为投票。董事会、独立董事和符合一定条件的股东可以向上市公司股东征集其在股东大会上的投票权。征集人公开征集上市公司股东投票权,应按有关实施办法办理	《加强股东权益保护的若干规定》	证监会	
第31条第2款　公司董事会、独立董事和符合相关规定条件的股东可以公开征集股东投票权。征集股东投票权应当向被征集人充分披露具体投票意向等信息。禁止以有偿或者变相有偿的方式征集股东投票权。公司不得对征集投票权提出最低持股比例限制	《上市公司股东大会规则》	证监会	

续表

法条	名称及文号	制定机关	层级
第5.2条　控股股东、实际控制人应当配合上市公司通过网络投票、累积投票、征集投票等制度保护其他股东的提案权、表决权等权利,不得以任何理由或方式限制、阻挠其他股东合法权利的行使	《上市公司控股股东、实际控制人行为指引》	上交所	交易所业务规则
第3.5.2条　独立董事应充分行使下列特别权利……(七)在股东大会召开前公开向股东征集投票权,但不得采取有偿或者变相有偿方式进行征集。独立董事行使上述职权应取得全体独立董事的二分之一以上同意	《深圳证券交易所上市公司规范运作指引》	深交所	

由表4观之,通过解释现行法律法规可得出投服中心具备公开征集投票权法律资格的结论。从文义解释的角度,可解释出我国投服中心具备征集主体资格。我国现行法律法规规定,董事会、独立董事和符合有关条件的股东"可以"公开征集投票权,作为授权性规范,并未禁止非直接利害关系人公开征集投票权。从法律规范冲突的角度,可解释出我国投服中心具备征集主体资格。我国《股票发行与交易暂行条例》第65条未对征集主体资格进行限制,我国《上市公司治理准则》第16条第1项则限定征集主体为"上市公司董事会、独立董事和符合有关条件的股东"。前者为行政法规,后者为部门规范性文件,根据"上位法优于下位法"①的规则,前者效力高于后者,故不能因后者的限定而排除投服中心享有征集权。② 反对者可能以"新法优于旧法"辩驳,认为前者为旧法,后者是新法,后者应当优先适用,故应当排除投服中心征集权。这一观点是不成立的,因为只有"同一机关"制定的新规与旧规不一致时,才适用新规。③ 由是观之,若法律法规分别为不同机关制定,应当优先适用"上位法优于下位法"的规则。

① 《立法法》第87~89条、第91条规定了宪法、法律、行政法规、地方性法规、规章、部门规章、地方政府规章的效力等级,确立了我国"上位法优于下位法"的规则。其中第88条第2款规定,"行政法规的效力高于规章",部门规章效力高于部门规范性文件,故行政法规效力亦高于部门规范性文件。

② 参见黄平:《专家:媒体征集投票合法宝钢应尽快确认表决权》,载证券之星:http://finance.stockstar.com/SS2004092500801628.shtml,最后访问日期:2018年2月5日。

③ 参见《立法法》第92条。

可见，以投服中心作为我国非直接利害关系主体公开征集投票权在解释论上不具有障碍。不过解释的方法难免曲曲折折、不够清晰，为直接明确投服中心征集主体地位，我国也可以采取修改《上市公司治理准则》《上市公司股东大会规则》等部分法条的方式来创造法条依据。我国现行法律法规关于公开征集投票权的制度存在较大缺陷，故通过解释或仅修改部分条文的方法确立投服中心征集主体地位均非最佳选择。

我国台湾地区即采取专门立法的做法以维护中小股东权益。[①] 2002 年我国台湾地区通过“投保法”，并依据其于 2003 年设立我国台湾地区“投保中心”，开创了我国台湾地区证券团体诉讼及投资人保护的新纪元。该规定未赋予“投保中心”公开征集投票权主体资格，但此种以统一规定“投保中心”的地位、[②]业务范围、[③]监督与罚则[④]的模式却值得借鉴。若采取专门立法的方式构建非直接利害关系人公开征集投票权制度，则可在文本中规定如下内容：直接利害关系人的法律地位和业务范围；非直接利害关系人公开征集投票权的具体操作规则；非直接利害关系人公开征集投票权的监督和资金运作制度；非直接利害关系人公开征集投票权的救济机制。

2. 通过制定专门法律法规确立投服中心征集主体地位的优势

“就法律的真正意图而言，与其说它是为了限制人们的行为，倒不如说它是为了指导自由而又聪明的人去追求他自己的正当利益。”[⑤]我国规定简陋，难以指导投服中心具体实施公开征集投票权行为。有学者指出：“立法者可能不了解征集投票

---

① 由于专门立法的做法涉及内容可以涵盖解释的做法和修订的做法，故此处仅对专门立法的做法加以说明。

② 关于我国台湾地区“投保中心”的法律地位。我国台湾地区“投保中心”名义上虽为民法上之财团法人，但其董事之选派却极具官方色彩，人事实质上由我国台湾地区金融监管机构控制；且其资金来源虽由“捐助、捐赠及提拨”，但捐助系证券及期货市场相关机构的法定义务，未按期缴纳的甚至可以强制执行；“投保中心”的业务范围相当程度取代我国台湾地区金融监管机构在金融监理及投资人保护上的行政责任。因此，与其将投资人“保护中心”之行为论为单纯之私经济行为，毋宁认为其应属具有浓厚官方色彩之非营利组织。参见王文宇：《证券团体诉讼——台湾地区的法律与实践》，载汤欣主编：《公共利益与私人诉讼》，北京大学出版社 2009 年版，第 79 ~ 81 页。

③ 关于我国台湾地区“投保中心”的业务范围。“投保中心”提供咨询服务、接受民事争议之申诉及调处、提起团体诉讼及申请仲裁等业务，维护中小投资者合法权益。法条见我国台湾地区“投保法”第 10 条。

④ 关于我国台湾地区“投保中心”的监督与责任制度。监督主体包括主管机关（“投保法”第 3 条、第 8 条、第 16 条）和我国台湾地区“投保中心”自身（“投保法”第 15 条），若违反相关规定，对责任人处以解除职务、罚款等罚则（“投保法”第 39 条、第 40 条）。

⑤ ［英］洛克：《政府论》，杨思派译，江西教育出版社 2014 年版，第 148 页。

代理权所以留下了醒目的空白。学界也没有对此做过清楚的介绍。但随着我国公司法制建设的进步,这个空白迟早会填补。"[①]这个"空白"如此之大,以至于小修小补难以满足现实要求,因此,我国应当制定专门法律法规确立投服中心征集主体的相关制度。

除了可以完善我国公开征集投票权制度外,制定专门法律法规还可以明确投服中心公益性非营利组织的法律地位。我国投服中心成立的直接依据是政策[②]而非法律,且其公益性维权行权活动尚处于起步阶段,市场各方对投服中心的功能定位、业务范围等尚未达成统一认识。明确投服中心的法律地位,有利于进一步推进我国资本市场投资者保护组织体系建设。

(三)制定投服中心公开征集投票权的规则

类似美国的委托代理说明书及其附件委托代理卡,我国公开征集投票权相关规则最终落实到了《征集投票权公告》及其附件《征集投票权授权委托书》2个文件中。但我国《征集投票权公告》不是直接列明所涉股东大会征集议案的具体内容,而是以《股东大会通知》的形式单独规定。《股东大会通知》虽然列明载有《征集投票权公告》的报纸和交易所网站,但并未明确报纸的具体版面或者可以直接转入《征集投票权公告》的网址。相比之下,美国将所有的资料,包括会议资料、说明书、代理卡等规定在单一文件中,免去了中小股东查找相关文件的麻烦。在互联网时代,一家上市公司同天发布的公告信息长达10余条,要求中小股东在这些公告中寻找涉及公开征集投票权的公告,可能降低其参与度与积极性。因此,投服中心未来公开征集投票权时,或将所有文件规定在单一公告中,或"说明可以获得涉及资料的具体互联网网址,地址必须明确,足以将股东直接引导到委托代理资料,而非上传委托代理资料的主页或其他部分",[③]以便中小股东无须浏览网站即可阅读该资料。

关于具体征集规则,投服中心应当兼顾事前预防和事后救济,为维护中小股东合法权益的公益目的公开征集投票权。投服中心既可以主动启动征集程序,也可

---

① 朱锦清:《公司法学》(上),清华大学出版社2017年版,第519页。

② 《加强股东权益保护的若干规定》第9条第2款规定,"完善组织体系,探索建立中小投资者自律组织和公益性维权组织"。

③ See SEC, Internet Availability of Proxy Material, 17 CFR § 240, 249 and 274 [RELEASE NOS. 34 - 52926; IC - 27182; File No. S7 - 10 - 05].

以依据中小股东申请启动征集程序。如果中小股东的申请不符合投服中心公开征集投票权的条件,投服中心也可以支持中小股东公开征集投票权。支持公开征集投票权可以借鉴投服中心证券支持起诉的费用负担规则和操作流程经验。目前,投服中心已发起2起[①]证券支持起诉征集公告,公告内容显示,"证券支持诉讼具有公益性……投资者不需要承担律师代理费用,只需自行承担应依法向法院交纳的案件受理费等诉讼费用"。[②] 支持公开征集投票权亦具有公益性,中小股东无须承担服务费用,只需自行承担必要程序成本。

(四)引入投服中心公开征集投票权的专项保护基金制度

非营利组织"民间性"意味着"独立性","民间化"就是要淡化组织官方色彩、建立健全独立法人制度。[③] 我国大部分非营利组织资金和运作成本依赖党政机关的支持,其在观念、组织、管理体制等各方面都依赖政府,甚至有的作为政府的附属机构发挥作用,[④]可见运作资金的独立性直接影响组织自身的独立性。独立的运作资金既可以给予非直接利害关系人较充分的控制权,从而激励其维护中小股东利益,又可以避免非直接利害关系人沦为地方政府的附庸或受到商业公司的操纵。

例如,我国台湾地区"投保法"明文规定了"投保中心"保护基金制度,从而在运作资金上确保"投保中心"的独立地位。具体而言:第一,保护基金的设置和来源。保护基金来自股东(主要是券商、交易所和柜台买卖中心)提拨之款项,我国台湾地区境内外公司机关、团体或个人捐赠财产。此外,提拨款项应按期缴纳,未按期的可以强制执行。[⑤] 第二,保护基金的保管和运用。保护基金应以购入台湾地区当局债券或存入金融机构的方式保管。经主管机关核准,可以在合计不超过保护基金净额30%的范围内,选择稳健的投资方式。[⑥] 第三,保护基金的用途。保护基金用

---

① 第一例是支持中小投资者向王某及上海绿新(002565,现更名为顺灏股份)索赔的公告;第二例是支持中小投资者向高某、曹某及安硕信息(300380)索赔的公告。

② 参见投服中心:《征集维权并索赔上海绿新实控人(后附公告全文及参与方法)》,载证券时报网:http://www.stn.com/2017/0317/13119060.shtml,最后访问日期:2018年2月6日;投服中心:《投服中心支持中小投资者向高某、曹某及安硕信息(300380)索赔的公告》,载新华网:http://www.xinhuanet.com/finance/2017-04/27/c_129576980.htm,最后访问日期:2018年2月6日。

③ 参见徐晞:《我国非营利组织治理问题研究》,知识产权出版社2009年版,第195页。

④ 参见王名、贾西津:《中国非营利组织:定义、发展与政策建议》,载范丽珠主编:《全球化下的社会变迁与非政府组织》,上海人民出版社2003年版,第274页。

⑤ 参见我国台湾地区"投保法"第18条。

⑥ 参见我国台湾地区"投保法"第19条。

于偿付证券投资人或期货交易人,"投保中心"依规定执行业务支出及其必要费用,"投保中心"提起证券团体诉讼或申请仲裁费用,以及其他经主管机关核准的用途。对于业务经费,"投保中心"应当以当年度保护基金孳息为上限,编列预算办理。但主管机关可以视情况予以调整。① 第四,保护基金的偿付。台湾地区"投保中心"动用保护基金先行偿付证券投资人或期货交易人后,于其偿付限度内承受证券投资人或期货交易人对于违约证券商或期货商之权利。②

再坚强的堡垒也敌不过金钱的侵蚀,投服中心欲避免被收买,需确保资金运作和监管的独立性。建立专项保护基金制度,有利于强化投服中心的独立法律地位,在公开征集投票权活动中独立于商业公司或者政府,以维护中小股东合法权益为价值目标,从而促进我国证券市场的发展和实现社会公共利益。目前我国已经有关于证券投资者保护基金的专门立法,③未来可修订证券法和《证券投资者保护基金管理办法》部分条款,建立投服中心公开征集投票权的专项保护基金制度。投服中心可以制定专门捐助章程,对以下内容予以规定。④

第一,专项保护资金的来源。来源包括股东出资、国内外机构组织或个人捐赠、其他合法收入以及孳息。其中,股东出资是指上海证券交易所、深圳证券交易所、上海期货交易所、中国金融期货交易所和中国证券登记结算有限责任公司要按照交易经手费的一定比例纳入基金。第二,专项保护资金的使用。现行法未将投服中心公开征集投票权的业务经费纳入保护基金的专项法定用途,未来可修订现行法规定或者出台部门规章解释,将投服中心公开征集投票权作为"国务院批准的其他用途"。⑤ 第三,专项保护基金的管理和监督。投服中心应当编制基金筹集、管理、使用的月报信息,将考核结果定期报送证监会、财政部、中国人民银行,⑥并向社会公众披露相关信息。

---

① 参见我国台湾地区"投保法"第20条。

② 同上。

③ 我国《证券法》第134条规定,"国家设立证券投资者保护基金。证券投资者保护基金由证券公司缴纳的资金及其他依法筹集的资金组成,其筹集、管理和使用的具体办法由国务院规定"。《证券投资者保护基金管理办法》出台细化规定。

④ 我国台湾地区"保护中心捐助章程"专门规定捐助资金来源(第5条)、收入来源(第7条)、动用程序(第12条)、财务管理(第16条)、财务报告制度(第17条、第18条)。

⑤ 参见《证券投资者保护基金管理办法》第19条。

⑥ 参见《证券投资者保护基金管理办法》第26条第1款。

(五)排除我国公开征集投票权机制的启动障碍

在我国征集投票权的征集主体限制、征集报酬、征集费用和前置的审批程序都有可能影响投票权征集的启动。针对这四个问题应当设立对应的制度以降低公开征集投票权机制启动的门槛。

我国关于股东征集人的规定散见于多部部门规章或规范性文件中,其表述的大意均为上市公司董事会、独立董事和符合相关条件的股东可向上市公司股东征集其在股东大会上的投票权。其中"符合一定条件的股东"的叙述比较模糊,在实践中不易操作,另外也让恶意竞争者有机可乘,因此,结合上述国家和地区的相关规定及我国的实际情况,应当从以下三个方面对股东征集人资格予以明确。

标准认定一:规定较低的持股数额要求

对于股东征集人的持股数额,有的国家和地区对其规定了最低持股数额,笔者认为对此应参照相关的规定。但是3%的持股数额要求已经不尽合理。在我国,经过上述统计可知,中小股东独立自主进行征集的情况本身数量就很少,再加上小股东本来就"人微言轻",有怠于行使股东权利的倾向,若再对其进行限制,只会进一步打击其积极性。为了鼓励中小股主动征集投票权,我国可以规定1%的持股比例。这样一方面可以一定程度上抑制投机现象的发生,另一方面可以有效鼓励我国投票征集制度的使用。

标准认定二:规定持股时间最短为6个月

对于持股时间,笔者认为,截至本次股东会停止过户之日,股东征集人应连续持有公司股份6个月以上(包括本数)。之所以这样限定,主要是为了公司经营安全,防止公司外部人为争夺公司经营权而临时购入公司股票成为股东征集人。之所以规定6个月,主要是因为在我国上市公司中,已有部分公司对股东征集人的持股时间限定在6个月以上。例如,山东先达农化股份有限公司、山东石大胜华化工集团股份有限公司和青岛城市传媒股份有限公司均在其发布的《征集投票权实施细则中》明确规定了股东须连续持有公司股份180天以上。

标准认定三:规定征集数量25人以上即向证监会报告

征集投票权的行为本是一种私人行为,理应交由市场控制,将市场交还市场,国家应尽量减少干预,所以,笔者认为不应对征集数量进行限制。但是由于表决权实质上是一种控制权,征集投票权就是在征集表决权,所以征集行为与公司经营息息相关,影响着公司生死存亡,因此,当股东征集人征集数量在25人以上时,股东征集人应及时向证监会作出报告,证监会应对股东征集人的相关情况进行核实,以防其利用信息不对称而欺骗其他股东、让其他股东委托他为代理人。之所以规定25人,也是为了与现有法规进行对接。在1993年4月22日由国务院发布的《股票发行与交易管理暂行条例》中,其第65条明确规定了任何人在征集25人以上的同意权或投票权时都应遵守证监会有关信息披露和作出报告的规定。

对于征集是否有偿,笔者建议立法上以无偿征集为原则,在个案中有条件地承认有偿征集。如果征集目的是出于公益,征集过程无欺诈且不违反法律的效力性强制规定,征集人与被征集人达成合意,可以承认有偿征集的合法性。当然,这是一个需要个案裁量的问题,需要耗费一定的执法成本,但不能因为执法成本的存在而将有偿征集一概否定,这就需要立法机关设计出一个良好的机制,既能维持较低成本,又能在个案中承认有偿征集。

对于征集费用分担问题,笔者的立法建议是,第一,如果征集活动涉及董事选举,若征集人所提董事成功入选,费用则由公司承担;若未能入选,费用由征集人承担。第二,如果征集活动涉及公司治理,若征集人为管理层,费用则由公司承担;若征集人为其他股东,则具体考量其出于公益还是出于私益而分别由公司和征集人承担。此种设计较好地权衡了各方面因素,且与实践相符合。

我国公开征集投票权立法,应当贯彻披露原则,建立征集活动前备案制。备案制是世界各国(地区)主流的监管模式,与其巨大的优越性息息相关,而审批制则不符合当前我国"权力下放"的经济体制改革趋势。因此,我国立法应采取备案制。针对不同类型的议案,事先以法律的形式规定征集人将什么材料以怎样的程序报送监管机关备案。这样既可以节约监管机构的监管成本,又提高征集人的征集效率。

同时,考虑到我国证券市场尚不够完善,欺诈行为时有发生,应当在事前对备案材料进行一定的形式审查,满足形式条件方可启动征集活动,如此一来,备案制可以获得一个良好的实施环境。从美国、日本等的相关规定来看,备案制正逐渐成为国际上未来的通行模式,该制度下,征集人只需在征集委托书的同时或者之前在监管部门备案征集资料即可,监管部门不对信息真实性、合法性负责。备案制较好地平衡了征集人和被征集人的利益。一方面,在已经附加给征集人严格的信息披露义务情况下,取消了对所披露信息的事先实质审查,减少了投票权征集开展的程序阻碍;另一方面,坚持“将市场还给市场”的原则,交由市场和投资者对信息进行理解和实质判断,自担风险,但同时又规定了充分严格的法律救济手段。我国应顺应未来发展趋势,可以借鉴美国等外国相关规定,建立我国投票权征集制度的备案制,将监管介入公开征集投票权信息披露的全过程:在征集活动开始前,征集人应将所有征集材料送交证券监管部门进行备案;在征集活动进行中,证券监管部门可以对征集人的信息披露随机进行抽查核实;在投票权征集活动结束后,还应将委托投票的表决结果呈报证监会备案。这样做可以实现监管部门对征集行为的全程监控,以便在出现违反信息披露义务时及时予以纠正和制止。这样的立法既不会扼杀尚不成熟的公开征集投票权机制,也会在一定程度上保证披露信息的真实性。

(六)建立公开征集投票权的信息披露

SEC 制定了一系列有关征集投票权制度的规则,其中就包括强制要求征集投票权行为进行信息披露。[①] 而我国仅在《股票发行与交易暂行条例》中规定征集 25 人以上的投票权时,需要遵守证监会有关信息披露和作出报告的规定,[②]但并未对披露程序、披露内容以及披露责任作出详细规定。我国可以借鉴美国的投票权征集信息披露制度建立系统的信息披露制度,以保证中小股东可以及时查询披露的信息,并根据这些信息作出合理的判断。[③] 鉴于我国上市公司治理存在诸多乱象,为了防止公开征集投票制度被滥用,我国在建立公开征集委托书信息披露制度时可以借鉴美国的监管理念,回避台湾地区的理念更妥当。[④]

对于信息披露制度应当在两个方面完善规范。一方面,是完善投票权授权书中的信息披露。包括明确披露征集投票权的目的,并在虚假陈述的责任部分增加对应的规定。另一方面,是委托代理说明书的信息披露。对此应尽量降低信息披露的门槛,减少披露成本,鼓励监督上市公司治理的投票权征集,加重董事会等公司管理者征集投票权的信息披露义务,通过规定不同征集者的信息披露义务来保护中小股东的权益不受损害。在涉及选举董事会、公司重大并购、重组、对外投资

---

① 参见高如星、王敏祥:《美国证券法》,法律出版社 2000 年版,第 212 页。

② 参见《股票发行与交易管理暂行条例》第 65 条。

③ 参见王利明:《论证券法中民事责任制度的完善》,载《法学研究》2001 年第 4 期。

④ 我国台湾地区的信息披露制度,在信息披露义务的分配上加重在野股东的责任,防止持股不多的股东凭借征集投票权入主公司经营。

等事项的征集投票权时,不仅需要按照常规规定披露征集日期、时间、地点、代理权可撤销性、异议股东的权利、征集人信息、征集费用等,还需要详细披露征集者是否有一致行动人,如果有一致行动人,应详细披露行动人持股数量和公司是否有关联交易等信息。①

针对不同议案,披露的内容应有所差异。例如,针对董事长选任的议案,还需要披露候选人和在位者与经营管理能力、注意义务及忠实义务相关的信息。

不同身份的主体的投票权征集中,信息披露义务也不同。当权者(上市公司董事会)投票权征集和在野者(反对派股东)投票权征集,由于二者投票权征集目的、动机截然不同,大多数时甚至都是对立的,所以其信息披露的事项也应有所不同,在立法中应当予以区别规范。上市公司董事会的信息披露要求并不复杂,通常只需在股东大会开会通知中附上有关委托投票要求即可。因其对公司经营管理相关信息掌握具有优势地位,所以对该方面披露的要求也更高。而股东发起的投票权征集,应特别注重对其自身情况、征集目的及提案的披露,以考察股东是否存在恶意。

其中应特别注意对于股东建议的披露。股东建议制度为无意进行公司控制权争夺的股东提供了沟通信息,表达自己对公司经营治理的建议的良好渠道。我国《上市公司股东大会规范意见》对于股东建议作了较详细的规定。凡符合规定的股东提案,公司经营者皆应刊登在寄交给各股东的投票权征集资料中。我国没有正面规定信息披露的豁免情形。仅能从我国《股票发行与交易管理暂行条例》第65条"任何人在征集二十五人以上的同意权或者投票权时,应当遵守证监会有关信息披露和作出报告的规定"的规定中进行反推,当投票权征集对象少于25人时,是不是就可以不履行信息披露的义务?我国可以借鉴其他国家和地区的相关规定,对于少于特定数量(通常为10个)的对象进行投票权征集时,豁免其信息披露义务。并且对于一些具有委托书征集某些特征而实质上不属于投票权征集的行为予以明示排除,免予承担信息披露责任。

格式和途径也是信息披露行为规范的重要方面。我国应该结合已发布的上市公司信息披露文件的格式,具体出台专门规定信息披露格式的准则,为实践中信息

① 参见苏虎超:《我国上市公司委托书征集立法研究》,载《政法论坛》2001年第6期。

披露义务的履行提供参考。

关于投票权征集中信息披露的途径，我国上市公司主要是通过证券监管部门指定的媒体进行，并同时在公司、证券交易所、证券公司营业部所在地公示有关资料，以供广大股东查阅。比较而言，其他国家和地区的委托书征集形式更丰富，除了传统的在报刊上予以刊载外，还可以通过电话、邮寄、实地拜访和网上征集。相应地，其他国家和地区信息披露的途径也更加多样。我国可以借鉴其他国家和地区的做法，将合理的具体多样的征集形式纳入规范之中。

（七）畅通受损中小股东的维权救济通道

征集人违法违规征集投票权时，被征集人可能受到损害。如果不对违法者进行制裁，不对受害者施加救济，将导致公开投票权“令不行而禁不止”。由于涉及公司决议效力问题，不能简单运用民法法律行为效力瑕疵规定，否则会破坏公司治理稳定性。因此，需要综合考虑救济成本，选择最适宜的救济方式。

在美国，征集人存在虚假或误导性陈述，并给被征集人造成损失时，法院通常有 3 种判决方式：颁布禁止令（对披露进行纠正）、[①]指令重新投票（撤销已完成的交易）[②]和判决损害赔偿。[③] 最理想的救济是在股东投票前颁布初步禁止令，但大多数案件中，中小股东往往难以发现虚假陈述或遗漏事实。即便发现相关证据，也难免损害无辜第三方的利益，法院只在极少数情况下才会撤销已完成的交易。[④] 因此，损害赔偿成了中小股东获得禁止令不能以及撤销交易不能的唯一救济方式。不过，“在委托书诉讼中，损害赔偿的计算是一个非常不定型的过程”。[⑤] 同样地，我国台湾地区的“委托书规则”也规定对于违反信息披露义务的征集而提供的公司决议，股东有权请求撤销。

---

① 例如，Chanber v. Briggs & Stratton Corp，863 F. Supp. 900（E. D. Wis. 1994），法院颁布禁止令，禁止按委托数投票，直到征集人对其中的重大遗漏作出正确的补救；又如 Dynamics Corp. of America v. CTS，635 F. Supp. 1174（N. D. Ⅲ. 1986），法院要求在任何投票发生之前对披露进行纠正。

② 例如，Fradkin v. Ernst，571 F. Supp. 829（N. D. Ohio. 1983），法院要求股东会重新举行，因为违反《委托书规则》造成股东投票中的腐败。这就使得双方都能重新征集委托权，尽管征集费用不菲。

③ 损害赔偿的计算是美国证券诉讼中最常见和最困难的问题之一。相关讨论参见翁晓健：《证券市场虚假陈述民事责任研究——美国证券法经验的反思与借鉴》，上海社会科学院出版社 2011 年版，第 135 ~ 150 页。

④ 原告必须证明：（1）实体上很可能胜利或者实体问题足够严重，因而诉讼合理；（2）从原告遭遇的困难来看也需要救济；（3）不救济就会发生不可弥补的损失。例如，Condec Corp. v. Farley，573 F. Supp. 1382（S. D. N. Y. 1983），因原告未能证明损失系无法弥补，法院拒绝颁发初步禁止令。

⑤ Mills v. Eletric Auto-Lite Inc.，396 U. S. 375，90 S. Ct. 616，24 L. Ed. 2d 593（1976）.

需要特别注意的是,由于上市公司信息披露文件很多都来自于中介机构提供的专业信息披露文件,如会计师和律师的文件,因为对于会计报表和律师出具的法律意见书中出现违法行为或者违背信息披露规则的,应要求相关专业人士承担法律责任。

当征集人违反被征集人意愿行使投票权时,美国《委托书规则》规定被征集人亦有3种救济途径。

第一,被征集人可以股东身份请求法院颁布禁止令。如果股东大会尚未召开,被征集人掌握非直接利害关系人虚假陈述或遗漏重大事实的证据,并能证明若不颁布禁止令则将遭受难以弥补的损失,且股东在投票前拥有充分的时间消化和评估新的资料,那么法院应当支持被征集人对披露进行纠正的诉求,颁布禁止令。

第二,被征集人可以股东身份提起公司决议瑕疵之诉。如果决议已经作出,且由于非利害关系人违法征集行为导致公司决议无效或者不成立,如股东大会对征集议案以外的议案进行表决的,被征集人可以请求法院宣告决议无效或不成立。如果公司决议可撤销,如非直接利害关系人未按照被征集人的意愿进行表决且公司明知的,被征集人可以请求法院撤销相关决议。这是"任何人都不能从自己的违法行为中获益"法理的体现。但这并不意味着每一非法征集行为都将自动导致公司决议不成立、无效或被撤销。法院应当根据公司法规则综合判断,"在禁止使用非法征集的委托代理权时,必须小心避免剥夺将其委托代理权授予违法者的无辜证券持有人的权利"。①

第三,被征集人可以追究非直接利害关系人侵权损害赔偿责任或者违约损害赔偿责任。如果征集人的委托代理书不实、违背运用委托书规则,致使股东认识错误而将委托书交付,或征集人未依股东委托的意旨行使委托权,股东有权向征集人请求侵权损害赔偿。同时,被征集人为委托人,征集人为受任人,如果受任人处理委任事务有过失,可诉诸委托合同之救济。

结合我国民事诉讼法、公司法和最高人民法院《关于适用〈中华人民共和国公司法〉若干问题的规定(四)》的相关规定,投服中心违法征集给中小股东造成损失

① [美]路易斯·罗思、乔尔·赛里格曼:《美国证券监管法基础》,张璐等译,法律出版社2008年版,第437页。

时的救济机制设计如下。

第一,在投票权行使之前,被征集人可向法院申请行为保全。征集投票权中的行为保全是指人民法院依职权或者依申请禁止征集人行使投票权,根据适用阶段的不同可以分为诉前保全和诉中保全。对于诉前保全,申请人应当提供担保,不提供担保的,法院裁定驳回申请。[①] 对于诉中保全,申请人可以提供担保;申请人没有提出申请的,人民法院在必要时也可以裁定采取行为保全措施。[②] 行为保全的解除条件是征集人更正错误,补救违法行为。

第二,在投票权行使之后,被征集人可向法院提起公司决议瑕疵之诉。在我国,公司决议成立,是指公司机关依程序作出或通过决议;[③]公司决议不成立,是指决议实质上未作出或者不构成通过;[④]公司决议无效,是指决议内容违反法律、行政法规,包括全部无效和部分无效;[⑤]决议可撤销,是指会议召集程序、表决方式违反法律、行政法规或者公司章程,或者决议内容违反公司章程,股东可以自决议作出之日起 60 日内,请求人民法院撤销。[⑥] 但会议召集程序或者表决方式仅有轻微瑕疵,且对决议未产生实质影响的除外。[⑦] 投服中心违法公开征集投票权,被征集人应根据其违反披露规则或者其他征集规则的程度,决定是否提起决议瑕疵以及何种瑕疵之诉:股东大会对征集议案以外的议案进行表决,被征集人可直接起诉决议无效或不成立;投服中心未按照被征集人的意愿进行表决且公司明知的,被征集人可直接起诉决议撤销;征集程序只有轻微瑕疵,且不影响决议的作出,或者投服中心未按照被征集人的意愿进行表决,但公司非故意或重大过失不知情的,则决议仍然有效,被征集人只能请求征集人承担损害赔偿责任。

第三,在投票权行使之后,被征集人可追究投服中心的侵权责任或者违约责任。其中损害赔偿责任可以与上述申请行为保全或公司决议瑕疵并存,也可以单独申请。

---

① 参见《民事诉讼法》第 100 条。

② 参见《民事诉讼法》第 101 条。

③ 参见《民法总则》第 134 条第 2 款。

④ 参见最高人民法院《关于适用〈中华人民共和国公司法〉若干问题的规定(四)》第 5 条。

⑤ 参见《公司法》第 22 条第 1 款、《民法总则》第 156 条。

⑥ 参见《公司法》第 22 条第 2 款。

⑦ 参见最高人民法院《关于适用〈中华人民共和国公司法〉若干问题的规定(四)》第 4 条。

"如果把整个证券市场民事责任制度视为一道大题,那么虚假陈述的民事责任无疑是解题的最佳切入点",[①]未来投服中心因虚假陈述被起诉索赔时,法院可依据证券法、《关于虚假陈述的司法解释》等法律法规认定其是否构成虚假陈述,以及具体损失金额。征集人对中小股东的侵害通常较少涉及直接的经济利益,这是因为公开征集投票权制度极少直接影响证券市场的股价,那么对于可能存在的虚假陈述行为,中小股东通常只能请求法院宣告股东会决议无效或者撤销该决议。[②] 对于征集人利用虚假记载、误导性陈述或重大遗漏等方式进行征集欺诈,导致公司控制权转移、公司对外并购投资等可能导致证券二级市场价格剧烈波动的决议通过股东大会,由此导致中小股东的权益受损害,应当追究征集人的赔偿责任。

至于征集人的违约责任,应以授权委托书为违约的根本依据,如果征集人未按照授权委托书的规定行使投票权,则征集人即违反了对委托人的约定义务,构成违约责任。[③] 在公开征集投票权中应加重公司的审查义务,在股东会表决议案时,公司应对授权委托书的记载内容进行审核,如果发现表决与委托书记载内容不符,可以拒绝认定该部分投票权,该代理行为下的投票权无效。如果公司没有尽到审查义务,故意或者过失导致不符合委托书记载内容的代理投票权参与股东会决议表决,导致的不仅仅是委托股东与征集代理人之间的违约责任,公司也应承担违约责任,是双重的责任,那么股东可以向法院提起撤销股东会决议的诉讼。之所以强调公司的审查义务,主要是为了解决中小股东提起私人民事诉讼所面临的诸多难题,如举证困难、诉讼成本高、时间长、缺乏专业知识等,公司审查最重要的目的是预防出现违约行为和辅助中小股东承担举证责任。如果中小股东提起撤销股东会决议的诉讼,需要承担一定的举证责任,而公司的审查记录则是重要的庭审证据,公司应提交给法院,这样可以分担中小股东的举证负担。

在中小股东遇到虚假陈诉、征集欺诈等困境进行维权时,请求有关部门介入调查是保障权利得以顺利实现的有力手段。为此,我国应规定中小股东可以请求证券监管机关介入调查给予救济。根据介入阶段的不同,证券监管机关的调查可以

---

① 翁晓健:《证券市场虚假陈述民事责任研究——美国证券法经验的反思与借鉴》,上海社会科学院出版社2011年版,第6页。

② 参见《公司法》第22条。

③ 参见王利明:《违约责任和侵权责任的区分标准》,载《法学》2002年第5期。

分为两种。

第一种是在征集投票权过程中请求证券监管机关介入调查。在公开征集投票权的公告中如果出现虚假陈述或是利用征集投票权通过不利于中小股东的股东会决议,被中小股东发现,并可以提出实质性的质疑时,中小股东可以向证券监管机关反映情况,提交证据,请求证券监管机关介入调查,调查对中小股东的权益进行救济,避免扩大不利影响。如果征集人未勤勉尽责,所制作、出具的文件有虚假记载、误导性陈述或重大遗漏,监管机关应责令其限期改正或作出说明,严重的可以取消此次征集活动。如果在征集过程中,中小股东发现征集人可能利用公开征集投票权制度通过不合理的股东会决议,而绝大部分中小股东因为信息不对称和缺乏专业知识等原因没有发现或意识到该股东会决议可能存在的问题,那么证券监管机关在收到中小股东的申请及材料后,应对此进行调查,调查是否存在征集欺诈情况,若存在此情况的,可以责令征集人和公司对此作出解释说明。如果调查发现存在征集欺诈的现象,证券监管机关应及时叫停征集活动,并给予征集人警告、撤销董事、独立董事等职务的处罚。

第二种是在征集投票权结束后请求证券监管机关介入调查。当公开征集投票权活动结束后,中小股东的投票权已经按照一定的程序委托给征集人了,征集人按照公告书的规定,在约定的股东会上行使该投票权,最终导致股东会决议是否通过。[①] 如果中小股东在投票前或投票后,发现股东会上的议案与征集公告书所指的股东大会通知中所记载的议案事项不同,或是发现股东会所决议案背后的目的与委托投票时理解的不同,可以向证券监管机关提交介入调查的申请和证据。如果经过书面审查和询问,发现确实存在征集欺诈行为,证券监管机关可以及时叫停股东会,或对已经通过的股东会决议作出认定其属于违法的行政处罚,以便中小股东可以提起民事诉讼,确认股东会决议无效或撤销股东会决议。

① 参见刘素芝:《我国征集股东委托书法律制度的实证分析》,载《法学评论》2007年第1期。

结论　公开征集投票权行为条例

基于本课题讨论内容和结论，拟定我国征集投票权的系列具体规范，即我国公开征集投票权行为条例。

我国既有的公开征集投票权主体难以承受公开征集投票权制度维护中小股东合法权益之重。本篇遂提出引入非直接利害关系人作为公开征集投票权主体。通过仔细考察我国实践中财经媒体、专业机构和中介组织作为非直接利害关系人征集投票权的缺陷，以及关注我国投服中心的蓬勃发展势头，本篇提出应当围绕投服中心这一主体为中心构建我国系统化的公开征集投票权制度。

投服中心公开征集投票权可以成为我国证券市场上市公司治理中一个扬善或作恶的巨大力量——其不受监督和约束时，滥用征集权的行为将公开引发恶意骚扰公司和浪费社会资源；其受到适当限制时，它完全可以变成中小股东维权行权的绝佳利器，我国应包含下列内容。

其一，应赋予投服中心征集主体资格。我国现行公开征集投票权立法较为粗疏，难以准确指引征集主体规范征集行为，或有效监督征集主体的征集行为，或及时救济因违法征集行为受损害的中小股东。未来可制定《公开征集投票权行为条例》，统一规定公开征集投票权的各项规则，并在征集主体一章中赋予投服中心征集主体地位，例如：

第二章　征集主体

第×条　上市公司董事会、独立董事和符合有关条件的股东可向上市公司股东征集其在股东大会上的投票权。投票权征集应采取无偿的方式进行,并向被征集人充分披露信息。

前款规定以外的有关(或经认定)(不是所有的组织都行,必须是法定的或认可的——笔者注)投资人保护公益性组织为维护中小股东合法权益,可向上市公司股东征集其在股东大会上的投票权。

其二,应制定投服中心接受委托规则。投服中心须以维护中小股东合法权益为启动公开征集投票权事由,须以实现被征集人真实意愿为根本目的。对于投服中心或中小股东发现的上市公司违法行为,投服中心可以主动或依中小股东的申请以自己名义公开征集投票权;对于中小股东提出的不符合条件的申请,为降低中小股东公开征集投票权成本并鼓励其积极参与公司治理,投服中心可以中小股东名义支持其公开征集投票权。投服中心在接受委托前,应当充分披露被征集上市公司治理情况、征集动机、议案内容等相关信息;在接受委托后,应当按照被征集人意愿行使投票权。例如,公开征集投票权行为条例中可规定如下内容。

第三章　征 集 规 则

第×条　投资人保护公益性组织在履行职责中发现上市公司董事、监事、高级管理人员违反法律、行政法规和公司章程损害中小投资者合法权利的行为,可依法公开征集投票权。

第×条　上市公司中小投资者发现上市公司董事、监事、高级管理人员违反法律、行政法规和公司章程损害其合法权益的行为,可申请投资人保护公益性组织公开征集投票权。

经审查申请符合条件的,投资人保护公益性组织可依法公开征集投票权。经审查申请不符合条件的,投资人保护公益性组织可依法支持公开征集投票权。

第×条　投资人保护公益性组织公开征集投票权,应制作《征集投票权公告》及其附件《征集投票权授权委托书》。

《征集投票权公告》应根据交易所《上市公司公开征集投票权公告指引》要求详细披露征集投票权相关信息,禁止虚假或误导性陈述。

《征集投票权授权委托书》中应有方框式投票列表,该列表应就旨在采取行动的每一独立事项设置“赞成”“反对”或者“弃权”选项。

第×条 投资人保护公益性组织可在《授权委托书》中声明其对未征集议案保留投票权。

第×条 投资人保护公益性组织公开征集投票权的有效期限为自签署日至相应股东大会结束。禁止下列征集:

(一)对一次以上会议(及其任何续会)的征集;

(二)任何未标明日期或迟签日期的征集;

(三)任何规定在被征集人签署日后的任何日期均具有代理权的征集。

其三,应健全投服中心监督机制和救济机制。规范投服中心征集行为,防止其滥用征集权,须以内部和外部监督机制为后盾,以及时救济机制为保障。内部监督包括培育道德素养和奉献精神、规范组织治理结构和完善规章制度;外部监督包括立法机关抽象监督和主管机关行政监督;救济途径包括申请行为保全、起诉决议瑕疵和请求损害赔偿。公开征集投票权行为条例中可规定如下内容。

第四章 监督与救济

第×条 投资人保护公益性组织从事公开征集投票权活动,必须遵守法律、行政法规,遵守社会公德,诚实守信,接受政府和社会公众的监督,承担社会责任。

第×条 投资人保护公益性组织应制定章程和业务规则,规定组织机构运作方式及公开征集投票权操作程序。

第×条 投资人保护公益性组织违反法律、行政法规和章程公开征集投票权的,被征集人可依照《中华人民共和国公司法》《中华人民共和国证券法》《中华人民共和国民事诉讼法》相关规定向人民法院申请行为保全、提起公司决议瑕疵之诉或请求损害赔偿。

其四,应规范投服中心专项保护基金运作。投服中心公开征集投票权业务经费应纳入我国证券保护基金法定用途,资金使用情况应编制报表,通过上报主管部门和向社会公众公开的方式接受监督。《公开征集投票权行为条例》中可专章规定基金来源、偿付方式、财务管理等内容。

第五章　保护基金运作及监管

第×条　投资人保护公益性组织公开征集投票权保护基金，依本法规定；本法未规定的，适用《证券投资者保护基金管理办法》及其他相关规定。

第×条　保护基金来源：

（一）上海证券交易所、深圳证券交易所、上海期货交易所、中国金融期货交易所和中国证券登记结算有限责任公司经手交易额的固定比例；

（二）国内外机构组织或个人捐赠；

（三）其他合法收入及孳息。

第×条　投资人保护公益性组织公开征集投票权的业务经费列入证券投资者保护资金用途。

第×条　投资人保护公益性组织应当编制基金筹集、管理、使用的月报信息，将考核结果定期报送证监会，并向社会公众披露相关信息。

在两造分离和理性冷漠的合力下，为谋取私利，处在上市公司金字塔顶端的控制股东利用资本多数决规则，通过各种形式掏空公司，侵害中小股东权益。在集体行动困境中，众多中小股东囿于高昂的征集成本，或希冀坐享他人之利，或无奈作出华尔街式选择，“沉默的大多数”使为恶者愈加肆无忌惮。唯有构建投服中心公开征集投票权制度，才能积聚中小股东分散力量，激发社会公众维权热情，督促上市公司规范治理，提升证券市场投资者信心。

参考文献

一、专 著 类

1. Adolf A. Berle, Gardiner C. Means, *The Modern Corporation and Private Property*, Transaction Publishing, 1991.

2. Edmund Burke, *Reflections on the Revolution in France, and on the Proceedings in Certain Societies in London Relative to that Event*, London: Allen & Unwin, 5th ed., 1985.

3. Frank H. Easterbrook, Daniel R. Fischel, *The Economic Structure of Corporation Law*, Harvard University Press, 1991.

4. James D. Cox, *Corporations*, Aspen Publishers, 2003.

5. Misao Tatsuta, *Proxy Regulation, Tender Offers, and Insider Trading, in Japanese Securities Regulation*, Louis Loss et al. eds., 1983.

6. N. Gregory Mankiw, *Principles of Economics*, South-Western College Pub. 6th ed., 2011.

7. OECD, *Methodology for Assessing the Implementation of the G20/OECD Principles of Corporate Governance*, OECD Publishing, 2017.

8. [加]布莱恩·柴芬斯:《公司法:理论、结构和运作》,林华伟等译,法律出版社 2001 年版。

9. [韩]李哲松:《韩国公司法》,吴日焕译,中国政法大学出版社 2000 年版。

10. [美]奥利弗·哈特:《企业、合同与财务结构》,费方城译,上海三联书店、上海人民出版社 1998 年版。

11. [美]彼得·伦斯特罗姆:《美国法律词典》,贺卫方等译,中国政法大学出版社 1998 年版。

12. [美]德怀特·艾森豪威尔:《艾森豪威尔回忆录》(二),樊迪、静海等译,东方出版社 2007 年版。

13. [美]弗兰克·伊斯特布鲁克、丹尼尔·费希尔:《公司法的经济结构》,张建伟、罗培新译,北京大学出版社 2005 年版。

14. [美]汉斯·摩根索:《国家间政治:权力斗争与和平》(第 7 版),徐昕、郝望、李保平译,北京大学出版社 2012 年版。

15. [美]肯尼斯·汤普森、戴维·克林顿修订:《国家间政治:权力斗争与和平》,徐昕、郝望、李保平译,北京大学出版社 2006 年版。

16. [美]罗伯特·汉密尔顿:《美国公司法》(第 5 版),齐东祥组织翻译,法律出版社 2007 年版。

17. [美]路易斯·罗思、乔尔·赛里格曼:《美国证券监管法基础》,张璐等译,法律出版社 2008 年版。

18. [美]路易斯·布兰代斯:《别人的钱:投资银行家的贪婪真相》,胡凌斌译,法律出版社 2009 年版。

19. [美]托马斯·李·哈森:《证券法》,张学安等译,中国政法大学出版社 2007 年版。

20. [日]谷口安平:《程序的正义与诉讼》(增补本),王亚新、刘荣军译,中国政法大学出版社 2002 年版。

21. [英]洛克:《政府论》,杨思派译,江西教育出版社 2014 年版。

22. (西晋)陈寿:《三国志》,浙江古籍出版社 2000 年版。

23. 陈荣宗:《诉讼当事人与民事程序法》,台北,三民书局股份有限公司 1987 年版。

24. 范健、王建文:《公司法》,法律出版社 2006 年版。

25. 范愉主编:《集团诉讼问题研究》,北京大学出版社 2005 年版。

26. 高如星、王敏祥:《美国证券法》,法律出版社 2000 年版。

27. 梁上上:《利益衡量论》(第 2 版),法律出版社 2013 年版。

28. 梁上上:《论股东表决权——以公司控制权争夺为中心展开》,法律出版社

2005年版。

29. 刘学在:《民事公益诉讼制度研究——以团体诉讼制度的构建为中心》,中国法制出版社2015年版。

30. 卢元、沈蘅仲、张撝之主编:《学生古汉语词典》,上海辞书出版社1998年版。

31. 施天涛:《公司法论》(第3版),法律出版社2014年版。

32. 汤维建:《群体性纠纷诉讼解决机制论》,北京大学出版社2008年版。

33. 汪源智:《代理法论》,北京大学出版社2015年版。

34. 王佐发:《公司重整制度的企业分析》,中国政法大学出版社2013年版。

35. 王军:《中国公司法》(第2版),高等教育出版社2017年版。

36. 翁晓健:《证券市场虚假陈述民事责任研究——美国证券法经验的反思与借鉴》,上海社会科学院出版社2011年版。

37. 徐国栋:《民法基本原则解释》,中国政法大学出版社1992年版。

38. 徐卉:《通向社会正义之路:公益诉讼理论研究》,法律出版社2009年版。

39. 徐晞:《我国非营利组织治理问题研究》,知识产权出版社2009年版。

40. 颜运秋:《公益诉讼理念研究》,中国检察出版社2002年版。

41. 殷召良:《公司控制权法律问题研究》,法律出版社2001年版。

42. 张新:《中国并购重组全析:理论、实践和操作》,上海三联书店2004年版。

43. 赵立新、汤欣、邓舸:《走出困境:独立董事的角色定位、职责与责任》,法律出版社2010年版。

44. 赵旭东主编:《新公司法制度设计》,法律出版社2006年版。

45. 中国社科院经济政策与模拟重点研究室编:《经济政策与模拟研究报告》(第1辑),经济管理出版社2012年版。

46. 朱锦清:《公司法学》(上),清华大学出版社2017年版。

47. 朱锦清:《公司法学》(下),清华大学出版社2017年版。

48. 朱锦清:《证券法学》(第3版),清华大学出版社2017年版。

二、期　刊　类

1. Carol Goforth, " Proxy Reform as a Means of Increasing Shareholder Participation in Corporate Governance: Too Little, But Not Too Late", *Am. U. L. Rev.* ,1994.

2. Cass R. Sunstein, "Financial Regulation and Cost-Benefit Analysis", *Yale L. J. F.* 2014 - 2015.

3. Donald C. Clarke, "Three Concepts of the Independent Director", *Corp. L.* , 2007.

4. Eugene F. Fama, Michael C. Jensen, " Agency Problems and Residual Claims", *Fin. Econ.* ,1983.

5. Frank H. Easterbrook, Daniel R. Fischel, " Voting in Corporate Law", *L. & Econ.* ,1983.

6. Henry G. Manne, " Mergers and the Market for Corporate Control", *Pol. & Econ.* ,1965.

7. J. R. Hicks, "The Foundations of Welfare Economics", *Econom*, 1939.

8. Kaldor N, " Welfare Propositions of Economics and Interpersonal Comparisons of Utility", *Econom*, 1939.

9. Lester M. Salamon, "The Rise of the Nonprofit Sector", *Foreign Aff.* ,1994.

10. Mary Kay Kane, " Group Actions in Civil Procedure: The United States Experience", *Comp. L. Supp.* ,6 1990 38 Am.

11. Michael C. Jensen, " Agency Costs of Free Cash Flow, Corporate Finance and Takeovers", *American Economic Review*, 1986.

12. Michael C. Jensen, William H. Meckling, " Theory of Firm: Managerial Behavior, Agency Costs and Ownership Structure", *Fin. Econ.* ,1976.

13. Ross S. , " The Economic Theory of Agency: The Principal's Problem", *American Economic Review*, 1973.

14. 陈荣宗:《美国群众诉讼与西德团体诉讼》(上),载《法学丛刊》1985 年第

118期。

15. 蔡玉程、林佳云:《中国上市公司有效股权结构研究》,载《学习与探索》2014年第4期。

16. 伏军:《公司投票代理权制度研究》,载《西南政法大学学报》2005年第4期。

17. 郭小川、秦立平:《上市公司股东代理权征集的利益衡量与制度设计》,载《法制与经济》2011年第281期。

18. 何萍:《论公司章程的法律效力》,载《当代经济》2015年第5期。

19. 洪源:《上市公司投票权征集的法律问题分析》,载《中国审计》2003年第20期。

20. 蒋雪华:《征集代理投票权的相关问题分析》,载《天津法学》2015年第4期。

21. 梁上上:《论表决权信托》,载《西北政法学院学报》2005年第1期。

22. 梁上上:《股东表决权:公司所有与公司控制的连接点》,载《中国法学》2005年第3期。

23. 廖升:《虚假陈述侵权责任之侵权行为认定》,载《法学家》2017年第1期。

24. 刘素芝:《股东征集投票权委托书之主体资格探析》,载《商场现代化》2007年第5期。

25. 刘素芝:《我国征集股东委托书法律制度的实证分析》,载《法学评论》2007年第1期。

26. 苏虎超:《我国上市公司委托书征集立法研究》,载《政法论坛》2001年第6期。

27.《德国新〈反不正当竞争法〉》,邵建东译,载《中德法学研究所》2006年第00期。

28. 闻丽英:《我国股东投票权征集制度探析——以美国与台湾地区立法为借鉴》,载《西安财经学院学报》2014年第1期。

29. 王浩:《从日本债权法修正看表见代理制度中本人归责要件问题》,载《北航法律评论》2012年第1期。

30. 王俊华、苗伟:《对委托书征集制度的立法思考》,载《经济师》2002年第

6 期。

31. 王利明:《论证券法中民事责任制度的完善》,载《法学研究》2001 年第 4 期。

32. 王利明:《违约责任和侵权责任的区分标准》,载《法学》2002 年第 5 期。

33. 吴泽勇:《德国团体诉讼的历史考察》,载《中外法学》2009 年第 4 期。

34. 周春梅:《论投票委托书征集之主体资格——兼论董事会征集委托书之弊端及限制》,载《法律适用》(国家法官学院学报)2002 年第 5 期。

35. 朱慈蕴:《公司章程两分法论——公司章程自治与他治理念的融合》,载《当代法学》2006 年第 5 期。

36. [美]理查德 · 哈森:《购买投票权》,佚名译,载《加利福尼亚法律评论》2003 年第 88 期。

三、论 文 集 类

1. [美]M. V. 艾森伯格:《公司法的结构》,张开平译,载王保树主编:《商事法论集》(第 3 卷),法律出版社 1999 年版。

2. 程建宏:《 * ST 兴业:二级市场收购案例分析》,载上海证券交易所公司管理部编:《上海证券交易所上市公司监管案例汇编》,立信会计出版社 2011 年版。

3. 王名、贾西津:《中国非营利组织:定义、发展与政策建议》,载范丽珠主编:《全球化下的社会变迁与非政府组织》,上海人民出版社 2003 年版。

4. 王文宇:《证券团体诉讼——台湾地区的法律与实践》,载汤欣主编:《公共利益与私人诉讼》,北京大学出版社 2009 年版。

四、学位论文类

1. 范黎红:《论上市公司委托书征集的法律规制》,厦门大学法律系 2012 年博士学位论文。

2. 龙铉:《论我国股东表决权的征集制度》,延边大学法学院 2012 年硕士学位论文。

3. 王月萍:《中小股东权益保护的制度影响研究》,华南理工大学工商管理学院2011年博士学位论文。

4. 张宽:《上市公司委托书征集相关问题研究》,复旦大学法学院2012年硕士学位论文。

五、报刊网文类

1. Independent Sector, "Code of Ethics", https://independentsector. org/wp-conten t/uploads/2016/12/is-code-of-ethics. pdf.

2. IOSCO, "Protection of Minority Shareholders in Listed Issuers", http://www. iosco. org/library/pubdocs/pdf/IOSCOPD295. pdf.

3.《2005年股权分置改革十大标志性事件》,载腾讯网:http://finance. qq. com/a/20101027/0 05824. html。

4. 人民法院:《2017年度人民法院十大民事行政案件》,载《人民法院报》2018年1月7日,第4版。

5.《＊ST郑百文通过重组方案几成定局》,载东方新闻网:http://news. eastday. com/epublish/gb/paper148/20001230/class014800017/hwz279957. html。

6. 陈建军:《＊ST兴业争夺再升级北孚跟进征集投票权》,载腾讯网:http://finance. qq. com/a/20090418/000277. html。

7. 陈甦、陈洁:《投服中心持股行权:理念创新与制度集成》,载证券时报网:http://www. stcn. com/2017/0103/13001027. shtml。

8.《倒逼股改时间表出台市场稳定面临新考验》,载中国股权分置改革网:http://www. cs. com. cn/gqfz/zx bd/200511/t20051114_799992. html。

9.《抵制宝钢巨额增发紧急征集中小投资者投票权》,载新浪网:http://finance. sina. com. cn/y/20040907/20051006477. shtml。

10. 上海交易所:《关于＊ST慧球对相关违规行为整改情况的答记者问》,载上海交易所:http://www. sse. com. cn/disclosure/credibility/supervision/dynamic/c/c_20170908_4387452. shtml。

11. 中证中小投资者服务中心:《公益律师说维权投服中心代理首例证券支持

诉讼案例分析》，载投服中心：http://www. isc. com. cn/rights/201705/t20170517_171525. shtml。

12. 黄平：《专家：媒体征集投票合法宝钢应尽快确认表决权》，载证券之星：http://finance. stockstar. com/SS2004092500801628. shtml。

13. 董兴：《金亚科技遭夏草连发七问“财务杀手”现身路演现场》，载和讯网：http://stock. hexun. com/2009 - 10 - 14/121338489. html。

14. 李采：《创举！郑百文独立董事要代股东投票》，载《羊城晚报》2000 年 12 月 13 日，A16 版。

15. 李东亮：《保荐人律师事务所劝阻无效启源装备董事会换届一地鸡毛》，载证券时报网：http://finance. eastmoney. com/news /1345，20140130357614881. html。

16. 青岛双星：《董事会征集投票权报告书》，载搜狐财经网：http://business. sohu. com/90/51/article200865190. shtml。

17.《轻骑小股东公开征集投票权》，载新浪财经网：http://finance. sina. com. cn/s/20030702/09563593 00. shtml。

18. 邱永红：《从胜利股份股权之争案看我国股东委托书征集法律制度的完善》，载中国民商法律网：http://www. jcrb. com/zyw/n7/ca449280. htm。

19. 投服中心：《突出四方面举措全力做好持股行权扩围工作》，载新华网：http://news. xinhuanet. com/finance/2017 - 04/17/c_129542538. htm。

20. 中证中小投资者服务中心：《征集维权并索赔上海绿新实控人（后附公告全文及参与方法）》，载证券时报网：http://www. stcn. com/2017/0317/13119060. shtml。

21. 中证中小投资者服务中心：《投服中心纠纷调解案例证券期货纠纷小额速调机制为中小投资者维权提供便捷通道》，载投服中心网：http://www. isc. com. cn/mediate/201705/t20170517_171508. shtml。

22. 中证中小投资者服务中心：《投服中心支持中小投资者向高某、曹某及安硕信息（300380）索赔的公告》，载投服中心官网：http://www. isc. com. cn/rights/201705/t2 0170517_171541. shtml。

23. 上海证券交易所资本市场研究所年报专题小组：《沪市上市公司 2011 年度董事、监事和高级管理人员履职情况分析》，载上海交易所网：http://www. sse.

com. cn/aboutus/research/research/c/research20120810f. pdf。

24. 上交所:《股票数据总貌》,载上海交易所网:http://www. sse. com. cn/market/stock data/statistic/。

25. 深交所:《市场数据》,载深圳交易所网:http://www. szse. cn/main/marketdata/jypz/colist/。

26. 深圳证监局:《请问"中小投资者"与"中小股东"的定义分别是什么,是否为同一个概念? 其定义出自什么规定?》,载证监会官网:http://www. csrc. gov. cn/pub/shenzhen/xxfw/tzzSyd/zqtz/201511/t20151109_286145. htm。

27.《五粮液分红不分红股东大会即将进行讨论》,载新浪财经网:http://finance. sina. com. cn/s/37379. html。

28.《五粮液分配预案引起众多中小股东不满》,载新浪财经网:http://finance. sina. com. cn/s/3643 7. html? from = wap。

29. 吴海峰:《抵制宝钢巨额增发六千万股权相约维权》,载证券之星:http://finance. stockstar. com/ZH2004091501131774. shtml;陈军:《宝钢股份增发引发非议背后的反思》,载《中国冶金报》2004年10月26日,第2版。

30. 吴海峰:《ST轻骑重组任重道远》,载证券之星:http://stock. stockstar. com/ZH2003071401036060. shtml。

31. 吴海峰:《轻骑一小股东不放弃希望》,载证券之星:http://news. stockstar. com/zh 2003062301030188. shtml。

32. 王华伟:《夏草现身路演现场金亚科技遭尴尬"七连击"》,载和讯网:http://stock. hexun. com/2009 - 10 - 15/121352425_6. html。

33.《小股东维权得到回应轻骑高层致电赵某表歉意》,载新浪财经网:http://finance. sina. com. cn/t /20030705/1 408360822. shtml。

34. 谢企华:《媒体干预新闻事件带来什么》,载《传媒观察》2006年第2期。

35. 人民网:《学者新论:建议暂停新股发行、取消增发》,载新浪新闻中心网:http://news. sina. com. cn/o/2003 - 08 - 10/0016536057s. shtml。

36. 杨立新:《江歌事件应当在〈民法总则〉框架内解决》,载中国民商法律网:http://www. civillaw. com. cn/lw/l/? id = 33351。

37. 值万禄:《一毛不拔还要高价配股五粮液激怒小股东》,载新浪财经网:

http://finance.sina.com.cn/s/37103.html。

38. 韩云:《知名律师表示宝钢中小股东投票权征集活动合法》,载新浪财经网:http://finance.sina.com.cn/y/20040913/11471018611.shtml。

39. 朱凯:《再出乱象引众怒投服中心四问 ST 慧球》,载新浪财经网:http://finance.sina.com.cn/stock/t/2017-01-09/doc-ifxZkfVn089 7036.shtml。

案例索引

附录　美国委托书规则

《1934 年证券交易法》[①]（节选）

第 14(a) 条　违反规则和料理征集委托书

(1) 任何人利用邮递、任何州际商业手段和工具、全国性证券交易所任何设施或者以其他方式违反证券交易委员会为维护公共利益和保护投资者制定的必要或者适当规则和条例，征集或者允许以自己的名义征集与依据本法第 12 条注册的任何证券（豁免证券除外）有关的委托代理、同意或者授权，均属违法。

(2) 证券交易委员会在第 (1) 项下制定的规则和条例，可以包括：

(A) 经由（或者代表）发行人进行的表决代理权、同意或者授权征集应当包括股东提名的候选人担任发行人董事之要求；

(B) 发行人遵守与第 (A) 分项所属征集相关的特定程序之要求。

① Securities Exchange Act of 1934. 译文来自《美国 1934 年证券交易法》，张路译，法律出版社 2006 年版，第 277 页。

《联邦法规》第240节第14A条:委托书征集[①](节选)

第240.14a-1条　定义

(f)委托代理。"委托代理"包括本法第14(a)条规定的所有委托代理、同意或认可。同意或授权可以采用不表示反对或异议的方式。

(g)委托代理说明书。"委托代理说明书"是指第240.14a-3(a)条要求的所有声明,无论是否列明于一个文件之中。

(l)征集。

(1)动词和名词"征集"包括:

(i)对委托代理的任何请求,不论是否附随或包括在一个委托代理表格中;

(ii)实施或不实施或撤销一个委托代理的请求;或

(iii)在可能导致委托代理的获得、保留或撤销的情形下向证券持有人提供或以其他方式传达委托代理表格。

(2)从征集的定义里排除:

(i)应证券持有人的非征集性请求而向其提供委托代理表格;

(ii)注册人履行14a-7规则而要求的行为;

(iii)代表征集委托人的任何人履行日常管理活动;或

(iv)并不从事委托代理征集(除在14a-2规则下豁免的征集)的证券持有人表述其打算如何投票及其原因的传达,条件是该沟通:

(A)是通过公开场所演讲、新闻发布、刊物或广播评论、综述,广播载体、报纸、杂志或其他定期发行的善意出版物中的广告进行的;

(B)是直接指向该证券持有人负有与其持有的发行人证券的表决权相关的诚信义务的人的;或

(C)是为回应涉及该证券持有人以前按照本段做出的沟通的额外信息的非征集行请求而进行的。

---

① 17 CFR Part 240 Regulation 14A: Solicitation of Proxies. 本部分在参考[美]托马斯·李·哈森:《证券法》,张学安等译,中国政法大学出版社2003年版和[美]乔尔·赛里格曼:《美国证券监管法基础》,张璐等译,法律出版社2008年版相关内容基础上,结合英文版原文翻译。

第240.14a－3条　向证券持有人提供的信息

(a)除非每一被征集人同时被提供或已提前下列文件,否则不得进行征集活动:

(1)一份公开申报的形式上符合第240.14a－16条规定,内容上包含附表14A(第240.14a－101条)规定信息的初步或确定性书面委托代理说明书。

(2)一份含有登记说明表的初步或确定性书面委托代理说明书,该登记说明表包含《1933年证券法》S－4表或F－4表(本法第239.25章或第239.34章)或N－14表(本法第239.23章)规定内容。

(3)一份公开申报的形式上不符合第240.14a－16条规定,内容上包含附表14A(第240.14a－101条)规定信息的初步或确定性书面委托代理说明书,如果符合下列条件也可:

(i)征集涉及本法第230.165条定义的合并交易,以及根据第240.14a－101条第14款披露的现金交易。

(ii)征集虽不符合第240.14a－16条中所述的格式和方式,但符合注册人的州法。

第240.14a－4条　委托书的适当形式

(a)委托代理表:

(1)必须以粗体现实该委托代理是否是代表注册人征集。

(2)必须提供一个特别设计的空白位置,用以注明委托代理日期。

(3)必须明显、公平地确定每项旨在进行的事项,无论是由注册人还是证券持有人提议。

(b)

(1)内容上要求有一个方框式投票形式,即委托代理表必须允许证券持有人就提到的旨在采取行动的每一独立事项选择赞成、不赞成或者弃权,但选举公司职位者除外。

(2)委托代理表向证券持有人提供几种指定的方法之一,可以拒绝对每一提名者表决。

(c)委托代理可以在特别限定下授予自由裁量权:

(1)对于股东年会,当注册人没有在其第一次邮寄前一年的股东年会委托材料

或提前公告规定的日期之前至少45日公告该事项,且指定授予的自由裁量授权是在委托代理说明书或委托代理表中做出;

(2)在注册人及时收到有关股东年会公告的情形下,如果注册人在委托代理说明书中包括了对事项性质和其打算如何表决的建议;

(3)对于非通过年会进行的征集或由注册人之外的人进行征集,在征集前的合理时间征集人不知道的事项在会议上被提出,如果在委托代理说明书或委托代理表中对该种结果做出了特别声明;

(4)对于前一次会议记录的批准,如果批准不等同该次会议上采取的行动的追认;

(5)对于在委托代理说明书中指明善意被提名者的任何职位人员的选举,该被提名者不能胜任或因不当原因将不能出任;

(6)对于14a-8规则或14a-9规则项下的委托代理说明书或委托代理表中遗漏的任何提案;

(7)对于会议进行中的附带事项。

(d)下列代理投票无效:

(1)选举在委托代理说明书中没有提名的任何人担任任何职位;

(2)在委托代理说明书及委托代理表首次寄发或交付给证券持有人的日期后举行的下次年度大会(或其任何续会)以外的任何年度大会上的表决;

(3)对一次以上会议(及其任何续会)或者征集一次以上的投票权的表决;

(4)同意或授权任何在委托代理说明书中建议采取的行动以外的任何行动,或本条(c)款所述事项。除非已同意在代理声明中被提名并同意在当选后履职,否则任何人不得被视为真正的被提名人。但是,如果候选人当选后将构成董事会的少数人员,那么第240.14a-4条中的任何内容均不得阻止任何人为满足在委托代理说明书中加入候选人的票数而征集投票权,只要征集人满足以下条件:

(i)旨在投票选举董事职位;

(ii)表示其将投票赞成除征集方指定的注册人提名人之外的其他注册人提名人;

(iii)通过在委托代理表上写入该候选人的姓名,使证券持有人有机会对注册人的候选人保留权利;和

(iv)代表委任表格及委托代理人声明中无法保证注册人的提名人若与当事人的任何提名人士当选,即可提供服务。

(e)委托代理表和委托代理说明书声明“不能确保注册人的候选人和征集人的候选人在当选后能履职”。

第240.14a-7条　注册人向证券持有人提供或寄送材料的义务

(a)注册人基于股东的请求提供下列信息:

(1)说明注册人向其征集或向其征集委托数的那些股东的大致数目;

(2)邮寄特定委托数文件所需的大概费用,包括银行,经纪人或其他以注册人名义行事之人的费用。

(b)如果股东提出了请求,则注册人必须将任何有关在会上投票表决事项的资料邮寄给注册人或其他以其名义征集委托数的所有股东,费用由提出要求的股东承担。

(c)如果注册人旨在使得任何征集受制于委托代理规则,则必须:

(1)提供一个证券持有人名册;且

(2)在任一情况下由证券持有人承担费用向其邮寄委托代理材料。

如果注册公司自己也想如上行事,为满足股东要求,它可以向股东邮寄一份包含所有有权对相关建议投票的股东名单。在累积重组(发行人借以改变经营形式的交易)或转项私营交易的情形中,提出要求的股东可以选择接受一份邮寄的名单或付费让注册人代为邮寄他所要散发的资料。

第240.14a-8条　股东提案

本条旨在说明一个公司何时必须将股东提案放入其委托代理说明书,并在召开年度或临时股东大会时在其委托代理表中列明股东提案。总之,为了将您的股东提案包含在公司委托代理卡上,并在公司委托代理说明书中包含任何支持性陈述,您必须合乎资格并且遵循特定程序。在少数特定情形下,允许公司排除您的提案,但仅限在向委员会提交了其理由后。我们将本条规定为“问与答”的形式,以便于理解。这里提及的“您”,指寻求提交提案的股东。

(a)问题1:什么是提案?

股东提案是您打算在公司股东会议上提出的关于公司和/或其董事会采取行动的简易或要求。您的提案应当尽可能清楚地表明您认为公司应当遵循的行动方针。如果您的提案被置于公司委托代理卡上,公司也必须在委托代理表中提供股东通过方框在批准、不批尊或弃权之间进行选择的方式。除非另有说明,否则本条使用的“提案”一词既指您的提案,也指您支持您提案(如果有)的相应声明。

提案人在提交提案时必须是在会议上有表决权的证券至少1%或2000美元市场价值的记录或受益所有人,持有该证券至少1年,并在会议举行时继续拥有该证券。委员会工作人员曾拒绝在协议购买证券时(而非交易结算日)将提案人归为受益所有人。

(b)问题2:证券持有人如何证明必要的所有权?

如果您是自己证券的注册持有人,意味着您的名字作为股东出现在公司记录中,公司自身能证明您的适格性,尽管您仍将必须向公司提供一份您打算在股东会议期间继续持有该证券的书面声明。然而,如果您像许多股东一样不是注册持有人,公司同样不知道您是股东,或您拥有多少股份。在这种情况下,在您提交提案时,您必须用以下两种方法之一向公司证明您的适格性:

(i)第一种方法是去您的证券的“登记”持有人(通常是一个经纪商或银行)向公司提交一份证明在您提交您的提案时持续性持有该证券至少1年的书面声明。在您自己的书面声明中也必须包括您打算在股东会议期间继续持有该证券;或

(ii)第二种证明所有权的方式仅适用于您已经提交了附件13D、附件13G、表3、表4或表5,或者写文件或最新表格的修正案,反映出在1年适格期开始的日期或之前您对该证券的所有权。如果您已经向证券交易委员年会提交了这些文件中的一种是,您可以通过向公司提交下列文件证明您的适格性:

(A)该附件或表格的副本,以及后来报告您所有权水平变化的修正;

(B)关于您在说明日持续持有所需数量股份达1年期间的书面声明;

(C)关于您打算在公司年度或特别会议期间继续股份所有权的声明。

……

(i)问题9:公司能够依靠其他什么依据排除我的提案?

(1)在州法下不适当:提案在公司组织管辖地法律下对股东行动是一个不适当的主题。根据主题的不同,一些如经股东批准将会束缚公司的提案在州法下被认为是不适当的。大多用以建议或要求董事会采取特别行动的提案在州法下是适当的。

(2)违反法律:提案的事实将导致公司对其适用的任何州、联邦或外国法律,除非遵守外国法将导致违反任何州或联邦法律。

(3)违反委托代理规则:包括14a－9规则。

(4)个人损害;特别利益:提案涉及针对公司或任何其他人的个人赔偿要求或损害,或提案旨在产生对您的利益或增进个人利益,而不被其他多数股东分享。

(5)相关性:提案涉及的业务占最近财政年度公司总资产不足5%,占最近财政年度公司净收益和总销售额不足5%,且与公司营业无其他重大关联。

(6)公司缺乏执行该提案的权力或职权。

(7)管理层职能:提案处置了一个与公司正常经营活动有关的事项。

(8)涉及选举:如果该提案:

(i)将取消参选的候选人资格;

(ii)在任期届满前将董事解职;

(iii)对一名或多名提名人或董事的水平、业务判断能力或品质提出质疑;

(iv)旨在将具体的个人写入公司的委托代理资料中,以选举董事会职位;或者

(v)其他可能影响即将举行的董事选举的结果。

(9)与公司提案冲突:提案与一个将在相同会议上提交给股东的公司提案直接冲突。

(10)已实质获得实施:公司已实质上实施了提案。

(11)重复:提案实质性重复先前由另一个提案人提交给公司的、将被包括在公司关于同一会议委托代理材料中的另一提案。

(12)反复提交:如果该提案涉及的主题实质类似于另一个或几个在前5个日历年度中已经被包括在公司委托代理材料中的提案,则公司可以再该提案属于一项情况时,从最后受到该提案时起3个日历年度举行的任何会议的委托代理材料中排除该提案:

(i)前5个日历年度中任何一年中提交时获得的表决书不足3%;

(ii)前5个日历年度中若两次提交,最后一次向股东提交时获得的表决权不足6%;或

(iii)前5个日历年度中若提交3次或3次以上,最后一次向股东提交时获得的表决权不足10%。

(13)特定数量的红利:提案涉及特定数量的现金或股票红利。

第240.14a-9条　虚假或误导性陈述

(a)本规则下的任何委托书征集活动,不得以委托书声明、委托书表格、会议通知还是其他书面或者口头的包含根据文件发布当时情况确定涉及重大事实的虚假陈述或者误导性陈述;不得遗漏为使征集文件不构成虚假或不产生误导所必需的任何重大事实,也不得遗漏为了纠正为同一次会议的同一表决事项在此前发布的相关文件中已经变得虚假或者具有误导性的任何陈述所必需的重大事实。

(b)委托书声明、委托书表格或其他任何已经提交证交委或经证交委审查的征集材料的事实,不应视为证交委已经认定该材料是准确或完整的,或不是虚假和误导性的,或证交委已经就其中所载的任何陈述或任何事宜由证券持有人采取行动的事实作出决定。任何陈述不得违反前款规定。

(c)根据联邦委托代理规则、适用的州法或外国法律规定以及注册人的章程细则,任何提名人、提名股东、提名股东集团或其任何成员不得被列入注册人代理资料,如果他们在注册人的代理资料、附表14N(第240.14n-101条)的通知或者在任何其他相关通信中作出声明,声明中包含根据文件发布当时情况确定涉及重大事实的虚假陈述或者误导性陈述;或者遗漏为使征集文件不够正虚假或不产生误导所必需的任何重大事实,以及遗漏为了纠正为同一次会议的同一表决事项在此前发布的相关文件中已经变得虚假或者具有误导性的任何陈述所必需的重大事实。

第240.14a-10条　禁止特定征集

在第240.14a-1条至第240.14a-10条规定下,任何人不得有下列征集:

(a)任何未标日期或迟签日期的委托代理;或

(b)任何规定在证券持有人签署日后的任何日期具有代理权的委托代理。

第240.14a-101条　附表14A

(1)证券持有人会议的日期、期间和地点。

(2)委托代理的可撤销性。委托书可否撤销,如果可以,以何种方式撤销。

(3)异议者对将要投票表决事项的评估权。

(4)代表其进行征集的人及承担费用的人的身份,以及在征集中使用的除了邮寄之外的方法的描述,及显示(在注册人征集情形下)任何董事已经书面通知注册人其打算法对的行动。

（5）董事、管理人员和参与者在投票表决事项中的利益。

（6）所有有表决权的证券和主要持股人的名单。

（7）有关董事选举所要求的信息。简要说明董事与任何其他人之间的任何安排或谅解，根据该安排或谅解，后者被选择或已被选择担任董事或被提名人。如果涉及改选董事，披露候选人与关联公司的关系以及在发行人活动中的利益。

（8）董事和主要管理人员的报酬。

（9）注册人与独立会计师的关系，包括股东对独立审计人员的认可。

（10）详细描述任何辅助投票表决权的红利、利润分配和其他红利计划。

（11）与将要辅助实施的任何养老金或退休金有关的资料。

（12）详细描述将要辅助投票表决的任何弃权或认股权。

（13）任何将要发行的证券的细节，如果有。

（14）任何有关证券的变更或变换，如果有。

（15）有关第 13 项、第 14 项事项的详细财务说明。

（16）对将要投票表决的任何公司兼并、合并或收购的详细说明。

（17）对将由股东投票表决而获取或处置的任何财产的描述。

（18）重编账目的说明。

（19）对将要付诸实施的所有报告的说明。

（20）对任何本不需提交股东而现已提交的事项，说明寻求股东大会支持的原因。

（21）对任何章程、细则或其他文件的修改寻求股东大会支持的原因。

（22）对任何其他提案表决的事项，应依据第 6－21 项的要求进行同样详细的披露。

（23）提交股东以求支持的每一事项所需的同意数。

《有关委托代理资料互联网可用性的公告》①(节选)

我们正在建议对委托代理规则进行修订,以更新我们的监管框架,充分利用通信技术,并提供一种能够节省与向股东提供委托代理资料有关的印刷和邮寄成本的替代委托代理模式。

通知即为接入模式(notice and access model):若发行人通过在特定的公开可访问互联网站(证券交易委员会的 EDGAR 网站除外)上传其委托代理资料及向股东提供通知,向其说明可以提供资料并解释这些资料的方式,则可满足其在证券交易委员会委托代理规则项下的义务。

采取通知即为接入模式的发行人需要至少在股东大会前 30 日向股东发送《有关委托代理资料互联网可用性的通知》,或若不召开会议,至少在表决、同意或授权可以用来实施公司行动前 30 日发出通知。

所有通过"通知即为接入"模式提供的委托代理资料,除附加征集资料外,将需要在发行人向股东发送《有关委托代理资料互联网可用性的通知》之前上传到特定的互联网网站。该通知须明确说明可获得该资料的具体互联网网址,地址必须明确,足以将股东直接引导到委托代理资料,而不是上传委托代理资料的主页或其他部分,一般股东无须浏览网站即可发现该等资料。该网站必须是证券交易委员会 EDGAR 网站之外、可以公共访问的互联网网站。

① Internet Availability of Proxy Material, 17 CFR PARTS 240, 249 and 274 [RELEASE NOS. 34 - 52926; IC - 27182; File No. S7 - 10 - 05]. 译文源自[美]乔尔 · 赛里格曼:《美国证券监管法基础》,张璐等译,法律出版社 2008 年版,第 399 ~ 400 页。

图书在版编目(CIP)数据

投服研究．第2辑．2018年／郭文英，徐明主编．--北京：法律出版社，2018
ISBN 978－7－5197－2640－9

Ⅰ．①投… Ⅱ．①郭… ②徐… Ⅲ．①证券市场－投资者－法律保护－研究－中国 Ⅳ．①D922.280.4

中国版本图书馆CIP数据核字(2018)第204534号

投服研究(第2辑·2018年)
TOUFU YANJIU(DI 2 JI · 2018 NIAN)

郭文英　徐　明　主编

策划编辑 陈　妮
责任编辑 陈　妮
装帧设计 李　瞻

出版 法律出版社
总发行 中国法律图书有限公司
经销 新华书店
印刷 固安华明印业有限公司
责任校对 王晓萍
责任印制 吕亚莉

编辑统筹 财经法治出版分社
开本 787毫米×1092毫米　1/16
印张 11.75
字数 200千
版本 2018年9月第1版
印次 2018年9月第1次印刷

法律出版社／北京市丰台区莲花池西里7号(100073)
网址／www.lawpress.com.cn
投稿邮箱／info@lawpress.com.cn
举报维权邮箱／jbwq@lawpress.com.cn
销售热线／010－63939792
咨询电话／010－63939796

中国法律图书有限公司／北京市丰台区莲花池西里7号(100073)
全国各地中法图分、子公司销售电话：
统一销售客服／400－660－6393
第一法律书店／010－63939781/9782
西安分公司／029－85330678
重庆分公司／023－67453036
上海分公司／021－62071639/1636
深圳分公司／0755－83072995

书号：ISBN 978－7－5197－2640－9
定价：63.00元
(如有缺页或倒装，中国法律图书有限公司负责退换)